スモールビジネスの技術学

Engineering & Economics

寺　岡　　寛　著

信　山　社

はじめに

大学での専攻と異なる分野で職業生活を長く送っていると、自分の若いころの学問流域には疎くなる。わたしが工学専攻であったことを久しぶりに強く意識したのは、ある学会でコメンター役を引き受けたのがきっかけであった。米国バイオベンチャーに関する知人の発表へのコメンターを頼まれたのだ。

会場がわたしの卒業した大学であったことも関係し、若い頃に夜遅くまで取り組んだ実験場があった建物などを眺めながらむかしのことを感傷的に思い出した。そして、自分が工学部で化学を専攻し、所属した研究室がまさにバイオであったことに気づいた。まことにうかつなはなしではある。

ふり返れば、わたしが学生のころの高度成長期、有機化学（石油化学）の全盛時代で高分子（プラスチック）研究室が学生には人気であった。バイオ関係の研究室で公害の微生物処理などを研究しているような生化学専攻者は少数派であった。いまは、わたしがいたバイオ関係の研究室は拡充・独立して生物工学科となった。化学分野もまた産業構造の変化とともに変わる。

わたし自身は若いころに工業化学を専攻し、化学系企業に就職したものの、家庭の事情で地方自治体などのエコノミストに転じた。必然、化学技術などとは直接関係のない分野で生活することとなり、技術や工学について疎くなった。ところが、バイオ関係のコメンターを引き受けたころから、若いころに習ったことをまたやりたくなった。すると、不思議なもので、その後、技術と経営に関係する仕事が舞い込むようになった。

何事にも人間にはきっかけがある。冒頭にふれたバイオベンチャーのコメンターを引き受けなければ、この種の仕事などは即座に断っていたかもしれない。もちろん、技術に全く無関心であったわけではなく、化学関係に就職した同窓生との付き合いもありそれなりに興味はもっていた。だが、大学院生などを相手に技術をビジネスの側面から論じる機会を与えられていなければ、工業技術とビジネスの交差領域について、わたし自身の考えを深めることはなかったろう。

名古屋大学大学院ビジネススクールでは、二年間ほど技術分野だけでなくいろいろな背景をもつ社会人院生相手に「技術移転論」を論じた。「技術移転論」では大企業と中小企業との間における技術移転の問題を取り上げた。大企業との下請関係にある中小企業の研究開発体制とその方向性についても論じた。他方、九州大学ベンチャーラボラトリー講座では受講者のほとんどが工学専攻者ということで、技術系小企業―ハイテクスモールビジネス―の研究開発の実態と可能性について論じてみた。

これらの機会を利用して、技術経営あるいはこれに近接する分野のさまざまな文献や資料にも目を通して感じたことがあった。技術と経済、あるいは技術と経営の交差領域については、経済学者や経営学者などは積極的に技術を取り上げない。また、技術系の学者は経済や経営との接点にさほど強い関心を示していないようにみえた。むろん、これは管見であって、個別の関心領域に拠るのかもしれない。

それにしても、文科系と理科系という区別や見方は生産的なのだろうか。この二者択一性はものごとの「結果」であって、ものごとを発想する「過程」においてこのような区別は積極的な意味をもつのだろうか。文理融合という古い表現をもちだすまでもない。教育とは文科系と理科系を分離するのではない。むしろそれらを統合することにその本質的意義があるのではないだろうか。

いわゆる文科系出身者は工学などについては食わず嫌いである。理科系出身者は経済や経営については食わず嫌いである。文科系出身者の食わず嫌いを解消させるには、工学的センスと工学は異なることを認識することからはじめる必要がある。わたしはこの区別こそが非常に重要であると考えている。

「工学」とは工学的手続論である。それは法律学における法的手続論と合い通じる。法律でいえば、ある事件が起きる。その問題について法的にはどのような課題があり、その処理はどのような法的手続で行われるのか。法律を知らない人にとりそれは自明ではない。だが、法律を学んだ人たちにとってその処理手順はすぐに思い浮かべることができる。

　同様に化学物資の分析、あるいは化学物質の合成のときに、化学を学んだ人たちはすぐにその手順を思い浮かべる。機械工学であろうと電子工学であろうと工学的手順を覚えることはいままでも工学教育の流れのひとつである。ただし、工学部出身者の場合、こうした手順は法学部出身者などとは異なり、文献だけではなく実際に手を動かす実験により感触として身につける。

　だが、工学的手続論の先に創造的活動があるとは限らない。むしろ、発想があってそれをどのように技術的に可能にするのかという段階で、工学的手続論が一定の役割を果たす。また、教室で習う工学的手続論はいわば標準的なやり方にすぎない。化学上の重要な発見がしばしば想定外の失敗から偶然的に生まれたことは、偶然性以上にこのことを如実に物語っている。

　この意味では、新鮮な発想に文科系も理科系もない。いまやさまざまなソフトウェアが開発され、わたしの学生時代のように計算ばかりをやることが技術の勉強という時代も変わってきた。複雑な計算はコンピュータによって処理され、むしろ重要なのは何を計算させるかである。コンピュータという手段が文科系と理科系という壁を実質的に低くした。工学教育も〝Know-how〟という時代から〝Know-what〟の時代へと進んできた。必然、従来のような工学教育が工学的センスを養うことにつながるのかどうかは問われてよい。ここでいう工学的センスとはきわめて感性的なものである。

本書は「技術」、とりわけ「研究開発」と「ビジネス」など経済・経営の交差領域を扱っている。同時に本書を通して、わたし自身は、とりわけ、「工学（Engineering）」と「経済（Economics）」という二つの「E」が重なりうることも探ってみたかった。

この本のスタイルは、前著『スモールビジネスの経営学—もうひとつのマネジメント論—』の延長上にある。今回も前著と同じ手法をとり、現在の課題については、できるだけ関係者の生の声で問題をとらえようとした。しかしながら、ハイテク分野についての経営者や起業家に会うには実にさまざまな苦労を強いられた。

これは日本でも、今回よく訪れたフィンランドでも同様であった。政府の資金提供や助成金などを受けた彼らは、度々のアンケート、関係者の調査などで疲れ気味である。それだけ、ハイテク分野では成功例が少ないのかもしれない。すこし成功すれば、成功事例として政府の広報誌を飾ることを強いられたりもしている。そこに、わたしのような外国人研究者がまたやってくるのだから、会おうとしても一筋縄ではいかない。

日本では、すぐ近くのインキュベータに入居するバイオ関連のハイテクスモールビジネスの研究開発責任者に会うために仲介者を見つけ、アポイントメントを取り付けるのに結局一か月近くかかったこともあった。また、自宅から八キロメートルほどのところに立地するバイオ関係の経営者に会うのに、五〇〇キロメートルほど離れた大学の研究者から何回にもわたって連絡を入れてもらいインタビューできたこともあった。この間、すでに四〇日ほど経過していた。

　これは皮肉で書いているのではない。おかげで彼らが国内だけではなく海外出張で不在の多いこともよくわかった。また、先端部門であればあるほど、関連企業数は少なく、互いに抜きつつ抜かれつつという関係にあり、競合者は日本ではなく世界にあることもよくわかった。加えて、技術のはなしに及ぶとブラックボックス的なことも多かった。研究開発段階のはなしは、わたしのような素人にも彼らは慎重になる。

　フィンランドでも同様に、経営者に親しい研究者や関係者を通じてインタビューを申し込みケースを集めることは、最初のころ、結構時間がかかった。そのため、フィンランドの大学街にあるサイエンスパークから歩いて一〇分あまりのところにアパートを半年間ほど借りた。一〇分ほどのところの企業とのアポイントメントをとるのに二週間以上かかったこともあった。しかも、返事は近くからではなく、米国シカゴからわたしの携帯電話に入ってきたこともあった。

　これはバイオや創薬関係の大学発ベンチャーの特徴かもしれない。もっとも、フィンランドのインキュベータあたりに入居している起業家で、いまも多いのはIT関係―といってもこの範囲をどこまで取るかである。健康機器、自動機器などの開発企業でもその競争力はソフト開発にある―であり、彼らはわずか国内人口五〇〇万人ほどの狭い市場ではなく、英語圏、とりわけ米国市場などを意識して開発している。ゆえに、彼らもまた海外によく出張する。

こうした生の声の収集には限界があったことはいうまでもない。そして、現在は過去と切り離して論じ得ない。したがって、歴史的文脈もわたしなりにできるだけ取り入れようともした。また、技術は中立的なものではなく、その社会的文脈のなかで成立し、具体的なかたちとなる。そのため、技術と社会の構成原理の関係も問わなければならない。ただし、この点はフィンランドの調査については大きな限界があった。

今回も本書をまとめる上で名古屋市や大阪市で技術開発とビジネスを結び付けようと四苦八苦を続ける経営者の友人や知人に協力を賜った。そして、フィンランドの古くからの友人や知人にもお世話になった。出版にあたっては信山社の渡辺左近氏にもお世話になった。感謝申し上げたい。

寺岡　寛

二〇〇六年一二月

目　次

目　次

序章　技術と経営のはざま

わたしたちの生活はなんらかの「科学」や「技術」によって支えられている。この場合、「科学」より「技術」という言い方のほうが身近な感じがする。「科学」「技術」「生活」という関係を問えば、「科学」と「生活」を結びつけるものが「技術」である。

技術とは科学によって法則化・再現化された行為である。この再現化をどのようにして商品やサービスに反映させるかで技術はわたしたちにきわめて身近なものとなる。そして、技術は多くの革新をもたらし、また革新によって技術も進んできた。

沼上幹は『液晶ディスプレイの技術革新史—行為連鎖システムとしての技術—』で、「技術革新」を技術開発に関わる人びとの「行為の連鎖」ととらえる。そして、彼は日本での技術開発についての悲観論を分析の俎上に乗せ、その妥当性に疑義を示す。沼上はつぎのように指摘する。

「日本の企業システムは積み上げ的技術革新に適合的であり、ラディカルな技術革新に適合的ではないというステレオタイプ化された信念が、実は日本の企業システムとその技術革新の実態を反映して形成されているとは限らず、むしろ既存の研究がもつ時間的視野の狭さそのものが原因となって形成されている。」

「積み上げ的」技術進歩とは、大企業の製造現場での長期雇用慣行のなかで形成され、中小企業では大企業との長期的下請関係のなかで構築されてきた。ここでは「時間の長さ」という要因が関係する。沼上自身は、日本の技術開発が大きな成果を挙げなかったとするステレオタイプ的見方に対して、日本が先行した「液晶技術（ＬＣＤ）」を取り上げ、関係者へのインタビューを通じて技術革新を生み出してきた日本のやり方を検証する。

日本で液晶技術の事業化に大きな役割を果たしたのは主に大企業であった。他方、米国の場合、「アメリカ国内のローカルな需要を満たす小規模な企業や、軍事用のＬＣＤの開発を目指すベンチャー企業など、さまざまな小規模メーカーが現在に至るまでアメリカ国内で存在している」と沼上は指摘する。つまり、米国では、小規模企業も研究開発などで大きな役割を果たしてきたというのである。また、沼上の日米比較論で興味を引くのは、日本の研究開発から事業化への「社内一貫性」である。構図的に描くとつぎのようになろう。

㈠　日本型モデル―「同一企業内での研究開発」↓「初期事業化」↓「大量生産体制の確立」。

㈡　米国型モデル―「発明創出型企業による研究開発」↓「人材のスピンオフによるベンチャー企業の創業」↓「大企業などによるベンチャー企業の買収を通じての大量生産体制の確立」。

この二つのモデルが研究開発面で決定的相違を生むのかどうかについて、沼上は慎重だ。すなわち、「なぜ日本のＬＣＤ産業が世界市場において支配的な地位を獲得しえたのか。……なぜ日本企業は比較的短期間（一〇年程度）のうちに欧米企業を当時のハイテク製品であるＬＣＤの領域で市場競争において凌駕し、さらには先端的な技術開発について欧米企業を凌駕するようになったのか」。この問題提起に対して、沼上は抑制の効いたつぎのような結論を下す。

「少なくともＬＣＤの技術革新に関しては日本が担った役割は非常に大きく、日本の企業システムの特徴がラディカルな技術革新を阻害するという傾向を見出すことはできなかった。……日本の企業システムの特徴がラディカルな技術革新を阻害する主張を学問的に維持することは困難である。」

日本モデルが液晶技術の確立で少なくとも技術革新を阻害した証拠はないという。では、日本型モデルがどのように積極的な役割を果したのか。最終的に、沼上が導き出した結論はつぎのようなことだ。

①　取引システム上の柔軟性と長期安定性による技術革新－「アメリカのような柔軟な取引システムをもつ経済では、ポテンシャルの高い技術が、その取引システムのフレキシビリティー故に圧殺される、という柔軟性の罠（flexibility trap）が生じ得るのである。……技術転換のタイミングに関して評価するかぎり、日本型の長期安定的・継続的な取引関係で特徴づけられる取引システ

ムは、柔軟な取引システムよりも、技術革新を遂行する上で適切なシステムだと考えられる」。

② 取引システムにおける柔軟性と長期安定性によるコスト・パフォーマンス―「柔軟な取引システムでは撤退や資源転用が柔軟であるために、初期の段階で技術Aを採用した企業が撤退するだろう。……技術Bが支配的な技術となるだろう。これに対して長期安定的な取引システムでは、初期の段階でAが淘汰されずに、後の段階で技術Bも淘汰されないという状況が出現する。技術進歩が非常に不確実であり、しかも企業が現実に事業化しないかぎり技術が進歩しない場合には、長期安定的な取引システムはムダと引き換えにより高いコスト・パフォーマンス比のフロンティアに到達することができる」。

③ 技術開発の方向性のコンセンサス形成―長期安定的なシステムでは、技術ターゲットについてのコンセンサス形成が容易である。

④ 生産部門と研究開発部門との濃密で継続的な相互作用―「日本企業の研究開発力が高度化していった……大量生産を行う活動と高度な技術を必要とするLCDを開発する活動とが、同一企業内に共存しており、それぞれの活動の間で濃密な相互作用が展開されていた」。

沼上は個人的な要素が大きい「発明」と人びとの行為の連鎖結果である「技術革新」とを峻別する。技術革新とは「多様な社会集団の合意を形成していくプロセス」であると定義される。このような技術革新観は日本的経営スタイルと相まって、技術革新に果たす米国型ベンチャーの役割についても再考を迫まる。

技術開発に先立つ発明は個人性、偶然性に作用される。スピンオフ型の外部労働市場が発達した米国では研究開発で個人あるいはベンチャー企業の果たす役割を軽視することなどできない。しかし、市場を強く意識した事業化段階においては、一点突破型のベンチャー企業にもまた限界がある。つまり、技術革新の初期段階である「発明・発見」の面において先行した個人あるいは企業がその後の商品化あるいは事業化の段階でも、先行的な地位を維持できるとは限らない。

過去の成功事例を二者択一的に「発明・発見」→「技術開発」→「事業化」が同じ企業内で遂行される「長期安定型」と、これらが異なった主体間で行われる「柔軟型」に分類することは容易ではない。また、液晶技術では、日本型モデルが有効であったかもしれないが、他の不確実性の高い技術分野で同じモデルが有効であるとは必ずしも限らない。技術開発の方向性が連続的か、あるいは非連続的かにより米国型モデルが有効であるかもしれない。加えて、沼上が分析対象としなかった韓国系企業の台頭もある。

沼上とは対照的に、村山裕三は液晶技術にも深い関連性をもつ「半導体」の研究開発事例を取り上げる。村山は『テクノシステム転換の戦略—産官学連携への道筋—』で、日本型研究開発体制へむしろ厳しい見方を示す。この場合、「テクノシステム」とは民間企業の内部的取り組みだけではなく、「企業」「政府」「大学」のいわゆる産官学連携による技術開発体制のあり方と定義される。

村山の分析視点で重要なのは、米国型モデルが米ソ対立の下での軍事契約を中心に形成された特殊「冷戦型」であること。そして、それが潤沢な資金による基礎研究重視の体制であったことである。これに対し、日本型モデルは民需中心の応用研究を軸に展開してきたものである。村山の日本型モデルでは、「技術の発展方向をできるかぎり絞り込み、有望と予想される技術に最大限コミットして研究開発を行うシステムであるため、技術予想が当っている限りは、きわめて効率的システムである。一方でこれが外れると、新たな環境に適応しにくい」とされる。

要するに、東西冷戦という世界二極構造の下では、米国は軍事的にソ連に対して優位に立とうという国家戦略を優先した。近代的な軍事力は軍事技術に大きく依存している。その基礎技術の確立には大学研究者への潤沢な資金提供、応用技術や開発では民間企業への鷹揚な見積価格の承認による刺激が必要であった。これは事実上の国家プロジェクトとしての研究開発であった。ここにその後の米国型ベンチャー事業の種もあった。それに対して、日本のような民需中心の研究開発は民間企業、とりわけ大企業でもリスクの高い基礎研究にはそれほどの潤沢な資金を投入できなかった。

村山は非連続的な技術開発時代には、日本型モデルの有効性が減じてきたとして、その転換を強く主張する。しかし、人材の流動性に支えられた新規企業が新技術を推し進める米国型モデルの日本への応用には悲観的である。必然、日本では米国型ベンチャーの登場も困難とみる。すなわち、「日本の場合、ベンチャー企業でさえも、日本の大企業の特質である『既存技術拡張型』の技術開発を行っており、その基本的な性格は、大企業と大きな変わりはないのである」とする。

村山は日本では「既存の大企業が、何らかのかたちでシステムの牽引力を発揮して、……政府と大企業が追随して、新たなシステムが形成されるシナリオが、最も現実的」と指摘した上で、日本独自の求心力の必要性を主張する。

「システム再生のための第一条件が日本独自の『求心力』だとすると、第二の条件は『個人の自由』に関わる問題になる。すなわち、現在の方向性の見えない業界環境で生き残るためには、何らかのかたちで経済システムの中に自由の要素を取り込み、複雑化する業界の変化に対応できる体制を整える必要があるのである。旧『日本型テクノシステム』の下では、『個人の自由』はさほど重要な要素ではなかった。……企業が技術開発の方向性を決定して、その一方方向に集中して開発を行う場合、このような自由が逆に邪魔になる場合もあったのである。……日本の企業も、会社経営において『個人の自由』が持つ意味合いを、真剣に考えるときが来た。」

興味深いのは、沼上が個人的要素が大きい「発明」と人びとの行為の連鎖結果としての「技術革新」とを峻別して、技術革新とは「多様な社会集団の合意を形成していくプロセス」であることを強調したのに対し、村山はむしろ「個人」的要素が大きく、個人の自由が大きいモデルが日本にも必要となったと主張していることだ。しかし、村山は明確に日本独自の求心力（＝日本に合ったやり方）が日本システム再生の第一条件としつつも、その具体的な役割の担い手を明示していない。

ただし、村山は、日本の場合、その担い手が引き続き大企業であることを示唆する。反面、従来型の下請・系列関係と異なる大企業と中小企業との関係性構築の可能性や、従来の中小企業とは異なる大企業との取引関係を構築できるハイテク型スモールビジネスの可能性についてはほとんどふれていない。いうまでもなく、大企業だけが技術革新の担い手であり続けるのかは問われてよい。

大企業＝大規模組織において、研究開発面で「創造」と「効率」という二つの目標を同時達成するには多くの問題が生じやすいことはよく指摘されてきた。この種の問題は、大企業を大型タンカーにたとえればわかりやすい。大型タンカーは大型エンジン（＝資金力）と優秀な航海士や機関士（＝人材）を多くもち、目的地まで巡航速度で航行するには何の問題もない。だが、この先に障害物を発見した場合、方向を瞬時に回避することは巨艦ゆえに困難である。

他方、中小企業はヨットのようなものかもしれない。凪のときに自力航行できる小型エンジン（＝資金力）やクルー（＝従業員）で劣るかもしれない。だが、障害物や座礁を避けるための小回りが効く。そして、風（＝市場の成長）を強く帆に受けたときがもっとも高速航海（＝急成長）ができる。

比喩的に障害物といったのは、研究開発上の失敗によるさまざまな行き詰まりなどのことである。多くの場合、研究開発は失敗の連続である。失敗を隠さず共有することで創造的な学びを引き出すことができる。この点、大企業の場合、大規模組織ゆえのセクショナリズムが失敗の共有化を阻み、あるいはそれを遅らせる。組織の壁を破るためには、組織改革や新たな管理体制の導入などのコスト負担を強いられる。他方、小規模組織の場合、人数的にも空間的にも小規模であるゆえに、あらゆることがつねに「見える関係」にならざるをえない。

知人で多国籍企業の中間管理職の米国人に、経営戦略に関する役員会資料をみせてもらったことがあった。この時、印象に強く残ったのは、市場の変化に対応できない大規模組織への経営陣の焦りや苛立ちであった。この会社は結局のところ世界市場を四つの地域統轄会社に分割し、より素早い対応を打ち出した。役員会資料に面白い表現を見つけた。それは、「どうしたら、わたしたちはスモールビジネスのように素早い対応ができるのだろうか」という文章である。これは販売戦略に関する経営の課題であった。だが、同じことは先にみた研究開発にも言える。

この種の課題は「組織と学習」との関係を研究している経営学者グループでも提起されてきた。吉田孟史等の研究グループは『コンカレント・ラーニング・ダイナミクス―企業と経営の理論―』でこの問題を取り上げる。

「組織は、効率と創造という二つの相反する目標を同時に追求し達成しなければならなくなってきている」にもかかわらず、①「問題の質的変動および既存の解の再利用可能性の低下」、②「環境の変動による組織の活動状況・文脈の変化」、③「組織メンバーの移動の増大による個人の経験や記憶への依存度の低下」などによって、組織と学習との関係がますます経営上の重要な課題となった、と吉田等は強調する。吉田はこの解決方法を「コンカレント・ラーニング（同期的学習）」という概念で提示する。

わかりやすくいえば、この方法論は「大規模組織の異なる成員の間でも密接な関係を築くことにより短時間で問題解決」をするものである。また、問題解決の過程そのものを新たな知識を生み出す学習とみる。「同期的学習」では、「それぞれの問題解決者が獲得・習得している個別的・専門的な知識を共用したり多様な経験を結集したりすることによって、同期的に問題解決を行うための共通の基盤を構築する」ことが重視される。それでは、技術開発上の問題解決のための共通の基盤とは何であるのか。

吉田等は、開発期間を大幅に短縮させたソニーの平面ブラウン管テレビやトヨタのハイブリットカー開発に、この学習方法の有効性を見出そうとする。しかし、これはある程度確立した技術を応用した製品開発段階での分析であって、このやりかたが基礎研究段階や長期の戦略的研究開発でも有効なのかどうかは検証される必要がある。

しかしながら、企業の研究開発の実際的な事例研究は容易ではない。なぜなら、先端技術分野では機密性の保持が当り前であり、研究者が知りうるのはあくまでも商品化されたものなど過去の事例である。しかも、こうした事例が現在進行中の状況を正しく反映したものであるかの問題は依然として残る。沼上は「ステレオタイプ化された信念が、実は日本の企業システムとその技術革新の実態を反映して形成されているとは限らず」と指摘した。この指摘は沼上の研究にも妥当する。すなわち、液晶技術において沼上モデルは正しいかもしれない。だが、村山の取り上げた半導体事例、バイオやナノテクノロジー、あるいは機械金属や素形材の技術開発でも沼上モデルが妥当する保証はない。一連のこうした研究について見てくると、いくつかの暗黙の前提がある。

① それぞれの国には固有の「企業文化」や「組織文化」があり、先端技術の研究開発といえども、こうした枠組みのなかで行われる。

② 企業文化や組織文化を代表する大企業が分析対象となりやすい。また、大企業の研究開発事例は最終製品に関するものであり、マーケティングや広報を目的として多くの資料なども発表されており、関連データを収集しやすい。

③ 急成長し、店頭市場に上場した技術開発系ベンチャー企業は資料なども豊富で取り上げられるケースは多い。中小・零細企業については、その研究開発上のポテンシャルが低いとみなされているのか分析対象となることは少ない。必然、関連データも少ない。

このうち、③の点についてである。沼上が日本型と特徴づけた「長期安定型モデル」は大企業の社内一環体制だけに妥当しない。このモデルは実は大企業と中小企業との間にある長期安定的取引関係をも含んだ体制に拡充させて理解すべきものではないだろうか。と同時に、研究開発という概念もまた拡充させて理解しておく必要がある。

たしかに、巨額の資金を要する実験装置や材料を使用する実験などは大企業でのみ可能である。だが、高度な実験装置に必要な高精度部品の加工、実験装置の一部の製作、プロトタイプ試作に必要とされるさまざまな高度加工は実は大企業だけではできない。それは中小企業の存在なくして、大企業内の研究開発体制の維持は困難なのである。

大田区や東大阪の中小零細企業群のなかには、高精度加工や特殊加工において世界のトップレベルに達した「職人」企業も多い。こうした企業経営者―しばしば、同時に技能者である―が研究開発を担っているという自覚があるかどうかは別のはなしである。技術開発で主導的立場を維持してきた日本企業には、必ずといっていいほどに、研究開発を支えた高度熟練加工技術の中小企業群の存在がある。この意味では、研究開発視点から日本の中小企業を類型別に整理しておく必要がある。

(ア)「研究開発」型―従来において未確立であった技術分野を先駆的に確立させ、専門型企業へと発展した事例。

(イ)「研究開発支援」型―大企業の研究開発に必要な高精度部品・加工、新素材に関連する加工技術の提供、試作への参加など。

(ア)の研究開発型にはさらに二種類ある。一つめはいわゆる「ベンチャー型」である。研究開発というのは、大学院での専門知識習得だけで十分ではなく、ある程度の規模の組織で研究開発に従事して取得された経験知が大きな役割を果たす。この意味では、ベンチャー企業は既存組織からのスピンオフ型人材によって補充・設立される必要がある。米国と日本の技術開発系ベンチャー企業の層の厚さの差は、スピンオフ型人材の多寡そのものでもある。日本ではとりわけ、大企業の研究開発従事者で三〇歳代層のスピンオフが少ない。

二つめは既存の中小企業であって、多角化戦略の一環として自らの中核技術を元に新製品や新加工技術を確立させてきた、あるいはさせようとするタイプである。

(イ)は従来型の下請中小企業群のうち、「受注したものをただつくるだけ」の下請関係から研究開発上のパートナー関係へと脱皮したタイプである。もちろん、当初は受注型であったが、大企業の要求する高精度加工や新素材加工に対応するなかで、独自の専門加工技術を確立させ、単なる下請受注ではなく提案型受注へと脱皮しえた中小零細企業群である。技術革新成果を華やかに取り込んだ製品に名前は出てこないが、彼等こそが日本の技術革新を影で支える重要な存在である。

二つのタイプのうち、(ア)のタイプにはベンチャー企業という名前が与えられ、従来型中小企業とは区別されるようになった。他方、下請型というイメージがいまだに強い(イ)のタイプについては、従来型とは区別する意味で「スモールビジネス」という名称で区別しておく。スモールビジネスのなかで、果敢に技術革新などに挑戦している企業群を特にハイテクスモールビジネスと呼んでおく。

沼上は技術革新を「多様な社会集団の合意を形成していくプロセス」と定義づけた。同様に、一国の技術革新力とは社内での多様な集団だけではなく、さまざまな企業という経済主体集団の取引などの合意を形成していくプロセスの結果でもある。

この意味では、一国の研究開発のあり方を分析する場合に、大企業の研究開発体制のみを分析対象とするのは、バランスを欠く結論を導き出すことになる。

本書ではさまざまなスモールビジネスの研究開発活動をみていきたい。

第一章　スモールビジネスと技術

第一節　技術と体系

工場と技術

明治維新以降の日本の工業化を生産現場である「工場」という視点からみると、そこにはいくつかの流れが確認できる。一つめは在来工業からの流れ。二つめは近代移植工業からの流れ。そして三つめはこの両者から派生した流れである。

一つめの典型は農具の製造や修理、包丁、和釘や船釘などをつくっていたいわゆる「野鍛治」型である。いまでも、田舎に行けば農具の修理などをやっている鍛冶屋がある。鍛冶屋はその土地の産業の有り様に密着した道具をつくってきた。

林業などが盛んな地域では、斧や下刈鎌を得意とする鍛冶屋があった。ほかに、刀鍛治、鉄砲鍛治、大工道具に起源するところもある。もっとも鍛冶屋は農村だけにあったわけではなく、町にもあった。

都市のさまざまな需要に応じた鍛冶屋である。

鍛冶屋から二つめの近代工場へと脱皮したケースはそう多くない。機器に不可欠なボルト、ナット、リベットなどは、多少とも経験のある鍛冶職人や若くして近代的工場に入った人たちが悪戦苦闘の結果、身につけた技術体系である。海軍や陸軍の工廠、船舶製造のドックなどが技術修得の現場学校となっていた。

こうして技術を修得した人たちがやがて独立して工場の周辺に町工場（＝鉄工所）を起こしていった。三つめの流れは、村や町の鍛冶屋が近代工場での加工方法や道具などをゆっくりと消化しつつ、金属加工や機械加工の分野に進出していったケースである。

たとえば、明治三八［一九〇五］年に黒板伝作が東京月島に創業した月島製作所は明治の近代工場の典型例である（現在、同社は東証一部上場の産業機器の設計・製造会社となっている）。黒板は東京帝大工学部機械科で機械工学を学び、鉄工所でアルバイトをしながら苦学した経歴の持ち主であった。当時、黒板のような高学歴人材は希少であり、官庁や当時の大工場から引く手あまたであったが、彼はさほど大きくない鉄工所に入った。これは黒板のライフスタイル（＝生き方）といってよい。

学生数が多くなったいまでさえ東大卒業生のほとんどが町工場に就職しない現状からしても、黒板の生き方はわたしたちの好奇心をかきたてる。黒板はこの鉄工所で工手学校出身の技術者と出会い、それが月島製作所の設立へとつながった。工手学校は明治二〇［一八八七］年に東京築地に創立された夜間学校であった。現在の工学院大学の前身である。

黒板伝作を二つめの近代工業の担い手タイプの象徴とすれば、工手学校出身のパートナーが集めてきた職人たちは一つめの流れを象徴した。当時の従業員たちが黒板を「社長」ではなくもっぱら「先生」と呼んだ思い出ばなしは、当時の技術修得のあり方を如実に物語っている。月島製作所には、この二つの流れのぶつかり合いと同時にその相乗性があった。事実、黒板学校からスピンオフして自ら鉄工所を立ち上げた人材も生まれた。

職人たちの社会階層をみると、地方の農村部から東京へと出て、月島で働きつつ、夜間の工手学校で学び独立する機会を貪欲に追い求めた人たちがいた。彼らは独立後も月島とのネットワークを生かし下請仕事を確保し、自らの生存領域を確保していった。

地方農村部から送り出された若者たちにとって、働きながら学ぶ苦行力行的な徒弟時代は厳しかったにちがいない。だが、やがて自らの工場をもつことで社会上昇が可能になるという夢があった。月島の事例において、「職工」から工場経営者となった立身出世のケースを引き出すこともできれば、「職工」から「職工」へというケース、「職工」から夢破れ帰郷というケースもあったことはいうまでもない。

技術と形態

明治後半から日本の工業化が加速され、第一次大戦後にさらに加速された。とはいえ、月島製作所の黒板伝助のような当時の高学歴者で、なおかつ独立志向が強かった技術者系経営者は少数派であった。黒板は長崎県出身である。そうした少数事例として、同じ九州の唐津の地で同様のケースがある。竹尾年助等の唐津製作所である。

竹尾年助は東京（高等）工業学校機械科を明治二七［一八九四］年に卒業後、米国の工業大学でさらに機械工学を専攻、米国企業で働き、帰国後も大阪鉄工所などで経験を重ねた人材である。竹尾は土佐藩出身で炭鉱経営に関与していた父親の関係で、芳谷炭鉱の経営を任されていた竹内明太郎を知る。彼の要請で、竹尾は炭鉱事業に関わった。竹内は英国から削岩機などの設備を輸入し、採掘後の石炭を唐津港に輸送するための鉄道を敷設した。炭鉱と唐津港の連絡用電話も引いている。これは当時としては思い切った投資であった。芳谷炭鉱はその後わが国有数の炭鉱へと成長した。

竹内は炭鉱開発に全力を注ぐと同時に、パリ万博などで見聞した欧州製機械などの水準の高さに圧倒され、炭鉱に必要な機械の国産化を重視した。明治四二［一九〇九］年、竹内は芳谷炭鉱の下に唐津鉄工所の設立を企図し、東京工業高等学校校長の手島精一にそのための人材推薦を依頼した。この時、手島が紹介したのが竹男年助であった。竹尾は実質上の会社設立の責任者として唐津製作所を立ち上げ、竹内の父が経営する他の炭鉱にも唐津製の鉱山機械を納入していった。やがて、唐津製作所は旋盤やフライス盤などの設計と製造も手がけるようになる。

しかし、第一次大戦後の反動不況で親会社の竹内鉱業は苦境に陥り、芳谷炭鉱を三菱合資会社に売却した。竹内は唐津製作所については竹尾年助に株式を譲り、同社は大正五［一九一六］年に分離独立した。この間も竹尾は、母校の東京高等工業学校や他の工業高等学校に加え、京都帝大や早稲田大学からも積極的に人材の採用を行い、入所後、彼らを欧米へと留学させた。また、社内に月島と同様に「徒弟学校」を設け、設計部門の幹部職員の養成にも積極的に関わった。

唐津製作所は、当初、さまざまな産業機械をつくっていたが、やがて工作機械に特化し、大型工作機械と歯切り機械の分野で名声を確立した。当時、大型工作機の需要先は三菱造船所であり、長崎や神戸のドック、そして海軍工廠であった。戦艦武蔵や大和の主砲塔や主砲は唐津製作所の世界最大級の工作機械で製作された。

以上みてきたように、唐津製作所は竹内明太郎や竹尾年助のような、わが国機械工業を確立させるという明確な哲学と強い意志をもった経営者たちによって設立された。唐津製作所は資本集約的かつ知識集約的な工場であり、当時の大多数の町工場とは異なる事例である。竹尾は戦後も長く生き、昭和三一［一九五六］年にその波乱の生涯を終えた。町工場との関係では、竹尾が明治四三［一九一〇］年から心血を注いだ自社内の養成工制度が送り出した機械工たちが、やがて自分たちの工場をつくっていくことになる。

竹尾は内製化による品質向上に拘わり、下請工場などの利用を積極的に行ってはいない。沢井実は「戦前・戦中期日本における工作機械企業の技術と経営─唐津・大隈鉄工所を中心に─」という論稿で、唐津製作所とは対照的に下請工場群を積極的に利用した大隈鉄工所とを比較して、竹尾年助の工場運営をつぎのように評する（『竹岡敬温・高橋秀行・中岡哲郎編著『新技術の導入─近代機械工業の発展─』所収）。

「竹尾年助という強烈な個性、彼を補佐する技術陣、彼らに指導されて一人前の職工となり、その後も長く勤務した中堅職工、彼らが一団となって自製の機械を駆使しつつ唐津は着実な発展をつづけた。大隈は、一九三〇年代以降の市場拡大期に、自社工場の拡張とともに下請工場を体系的な管理育成策によって本格的に整備し、供給能力の拡大を実現した。」

大隈鉄工所（現オークマ）は、大隈栄一が明治三一［一八九八］年に創業した製麺機製造・販売の大隈麺機商会に由来する。この六年後、栄一は工作機械の製造に乗り出した。満州事変による軍需生産のための工作機械需要拡大の時期に、同社は下請工場の積極的活用によって急成長した。

こうした一次下請工場主の一定割合は、大隈鉄工所の元職工であった。愛知県の機械メーカーの中には、こうした経歴をもつ企業がよくみられる。たとえば、中堅の食品加工機器メーカーの場合、大隈の工作機械などの部品加工の下請工場として創業、その後、フードスライサーの製造、さらには大隈の系列から離れ自ら工作機械の製造に乗り出した。同社は戦後の一時期輸出に力を入れていたが、やがて元の食品加工機器分野に戻っている。

この点、内製化率の高い唐津製作所の場合スピンオフは、どうであったろうか。唐津の資料が示す範囲では、労働争議があった大正一一〔一九二二〕年前後は別として、昭和の初めごろまでは一〇パーセント前後の離職率が確認できる。唐津製作所の技術移転面に果たした役割は、社内養成工たちが離職（＝スピンオフ）後にどのような経緯をたどったかによる。

ただし、戦時中の経済統制あるいは徴兵という制度の下で、彼らが自ら工場を創業したとは考えにくい。むしろ、彼らが戦後にどのようなかたちでその技量や技術を生かしたのか。わたしの手元にデータはないが、この点は重要である。

技術と移転

唐津製作所などからの技術移転という視点からは、いくつかの重要なテーマがでてくる。

一つめは、資本と技術双方の参入障壁の高い分野で、技術を「買う」ことができる資本力をもっている工場はその買った技術を模倣し、その学習効果によって技術者を育成し、既存製品から独自の製品づくりへと転換しえたことである。もっとも、当時の日本では、孤高の近代工場ともいえる海軍や陸軍などの工廠、唐津製作所など独立独歩の近代工場においてのみ、技術を買うことによって技術が移転された。

二つめは、こうした工場からの人材のスピンオフというかたちで、技術移転が行われたことである。

三つめは、近代的機械設備などは工廠や政府の全面的支援を受けた工場群で可能であっても、小工場ではきわめて困難であり、必然、在来技術との結合によって資本障壁を引き下げるような技術革新—それはしばしば中間技術と呼ばれる—を生んでいったことである。この経緯は日本の町工場史と重なる。

技術とは必ずしも中立的なものではない。技術の受容と発展は国民性という社会的あるいは政治的土壌が大きく作用し、苗木をそのまま移植すれば数年後には花も実もつけるという単純なものではない。機械や設備を直輸入して、いわゆる「ターンキーオペレーション」というかたちでスイッチを入れれば、自動的かつ短期間に技術移転が完了するわけではない。

考えてみれば、わたしの学生のころ、「技術論」あたりでは日本は後発国として位置付けられ、欧米の先発技術にどのようにして追いつき・追い越すのかという視点が強かったようにも思える。そこでの図式は、「欧米＝先発国、日本＝後発国」であった。その後、韓国や台湾、さらにはアセアン諸国、最近では中国の台頭によって、日本は中発国あるいは先発国に位置づけられるようになった。したがって、日本の経済発展と技術移転との関係が改めていま問われている。中岡哲郎は「発展途上国機械工業の技術形成」という論稿で、この点に関してつぎのような興味ある視点を提供してくれている（前掲『新技術の導入—近代機械工業の発展—』所収）。

㈠　日本と韓国の自動車産業―日本は戦前から戦後を通じて、自動車産業を立ち上げてきた。これを技術面からみると、「大量生産システムとしての自動車生産技術は、形成途上にあった……細部や個々の部品の加工方法には無数の未完成部分や選択可能性を残していた。……トヨタ・日産に代表される日本自動車工業と現代に代表される韓国自動車工業の形成期間の差は、この形成途上の技術的試行を見よう見まねで追いかけながら標準化技術までたどりついた者と、最終段階の標準化技術によってとり入れた者としての差異」があること。

㈡　発展過程と技術普及―「重電機、鉄道車両、紡織機、内燃機関、工作機械」という「資本財一品生産」における日本などの発展形態と、耐久消費財大量生産型の後発工業国的発展形態の生み出す差異があること。

㈠に関しては、「見よう見まね」とはいえ、自ら習得した技術の蓄積をもつ場合と、確立された技術を外部から買った場合と、その後の研究開発力でどのような差異が生じてきたのか。この視点はさらに重要となる。要するに、「後発工業国的技術」もまた「イノベーション」を生み出すのかどうかという論点である。㈡に関しては、中岡はつぎのように解釈してみせる。

「後発工業国における機械工業の形成は順序を大きく変えた。……後発国はその経済発展の低い段階から、耐久消費財やその部品の、相対的に組立部分の多い工程を選んで、プラントを輸入し、豊富な低賃金労働力と結びつける形で、後発国の要素賦存状況に比較的適した機械製造部門をいきなり作るという選択肢をもてるようになったのである。これはラテンアメリカの輸入代替工業化路線、韓国・台湾に代表されるアジアＮＩＥＳの輸出志向工業化路線から、現在注目を集めつつある東南アジア諸国の工業化にいたるまで、ほぼ共通する条件であろう。機械を一品生産的に作る基本能力を育てるという過程を抜きにして、いきなり最終製品の大量組立部品から機械工業を作っていくという生き方である。」

問題は、韓国にその典型をみるように、政府の全面的支援を受けた大企業がその担い手として登場する反面、中小零細層の自立的発展の潜在性—資本節約的なイノベーターとしての発展性—が低く押しとどめられることになる。

これは機械工業にかぎらず、その国の技術力がどのような企業層によって維持されているかという視点を再浮上させる。つまり、その国の技術体系が大企業という単層的なものであるのか、あらゆる規模の企業層を含んだ多層的なものであるのかといった点である。

技術と系譜

すこし業種を絞って、いままで展開してきたことを確認しておこう。

たとえば、鋳物の場合、これはわが国の明治以降の近代化過程で移植されたわけではない。古代でも鋳物製の武器が使われ、また近畿—特に河内地方—などでは鋳物師による鍋釜などの製造が行われ、やがて川口など関東地域にも伝播した。こうした技術蓄積の下に、明治以降、機械鋳物が発展し、鍋釜や鋤から機械部品への転換が行われた。これは当時の機械工場の要請による。

明治以降の大阪の鋳物工業の発達は、紡織工業の発達と機械化、造船工業の発達と機械器具の導入によって鋳物製品の必要性が急速に高まったことに起因する。そして、日清・日露戦争による急速な需要拡大が多くの業者の参入を促した。当時の『大阪府統計書』をみると、江戸期天保年間に創業という工場もあるが、多くは明治の中ごろから設立されたことがわかる。

明治一六［一八八三］年、大阪府下には鋳物業者が九工場あった。工場は大正期の第一次世界大戦景気による需要拡大によってさらに増え、その後、大戦終了後の反動不況で工場を閉鎖するところも出た。だが、大正末の時点で鋳物は大阪府下で二〇〇工場を超え、軍需経済の進展とともに息を吹き返した。第二次世界大戦後、戦時需要が消滅し、鋳物工場は鍋釜から再び操業し、機械鋳物へと復帰していった。

戦前期の工場主の経歴は不詳であるが、大阪砲兵工廠などからのスピンオフ組もいたことは関係資料からも分かる。戦後については、大阪府立商工経済研究所の調査が参考になる。昭和三二［一九五七］年時点で同研究所が調査対象とした六〇工場を見てみると、つぎのような経歴となっている。

㈠　鋳物工場から四八人―内訳は先代より継承九人、技術者一三人、事務員九人、工員一七人。
㈡　機械金属工場から七人―経営者三人、技術者三人、工員一人。

㈢　商店から一人―経営者一人。
㈣　不明―四人。

こうしてみると、鋳物工場から鋳物工場へという同一業種間の移動者が全体の八〇％を占める。なかには、一〇〇人以上の大きな鋳物工場の技術者から独立、創業した事例もある。だが、ほとんどは五〇人までの工場からの出身者あり、過半は三〇人までの鋳物工場からのスピンオフ組であった。

他に、鋳物と同様に、在来産業としてある程度の発展を遂げ、明治以降の新たな需要の出現とともに展開していった産業に伸線業がある。大阪府でいえば生駒山に隣接する枚岡で、江戸期には人力による銅などの材料の線引きによって伸線を行っていた。明治期になっても二軒ほどの伸線業者がいたといわれる。以降、この地域でむかしから綿繰に使用されていた水車を動力として伸線を行う業者も出現し、日露戦争のころには二〇工場ほどになっていた。

伸線に対する需要が急拡大するのは、他の機械・金属系分野の町工場と同様に第一次世界大戦景気のころであり、従来の水車から電動機による動力化に切り替わっていった。戦後は釘・針金需要の拡大により、さらに工場が増えることになる。鋳物と同様に町工場が町工場を生んでいくメカニズムがそこにあった。

他方、在来産業ではなく、明治以降、いわゆる移植産業として発展していった機械加工、機械プレスなどでもまた町工場が町工場を生むというかたちで技術を伝承させていた。

工場と経営

製罐工の経験の長い森清は『町工場―もうひとつの近代化―』で、近代的大工場とは異なる町工場の「近代化」の歩みについてつぎのように整理する。

㈠　多能工の存在―「大工場の場合、彼らの作業は極度に標準化されていて、決められた通りの動き方しかしてはならない。……しかし、中小工場は、そうした方法によるメリットを完全に生かし切るだけの生産規模を持っていない。……中小工場の人たちは、どんな作業でもこなせる製罐工、機械工であると同時に〈俺の機械〉に象徴される自己の技術の原点を大切にする心意気をもっている」。

㈡　機械と人間の感性の共感―「作業者の技術をふまえ、時には作業者の技術に挑戦するような設計がなされるという技術体系を維持するためには、作業者と設計技術者が身近に生活し、深く関わり合い、人間の感性においても共感し合えるという密接な関係を保ち続けている必要がある。中小工場の規模はこのような関係を成立させ、保持するにふさわしい」。

森のいう「俺の機械で工夫をしながらどんな作業でもこなさなければならない」という事情の背景には、大工場のように多種多様な機械による大量生産的分業体制が、町工場では事実上困難であったことがある。必然、町工場へ発注する側の設計者は、こうした町工場の特性を踏まえ、「あの機械があるからこの加工は大丈夫」ということではなく、「あの作業者がいるからこの加工は可能」といった人間関係を成立させる。実は、この関係こそが、序章で取り上げた技術開発での大企業と中小企業との関係にも継承されてきた。

もっとも、「大企業＝最終製品、中小企業＝部品や加工」という分業体制が当初から形成されていたわけではない。中小工場が最終製品に取り組んだ事例も多いのである。たとえば、鈴木淳は『新技術の社会誌』で九州での炭鉱業の発展を通して、日本の産業革命の二重性格を特徴づけている。まず、鈴木は二つの企業類型を提示する。

① 筑豊型―零細な民間資本＝在来の採掘技術＝安価な機械の利用。

② 三池型―政府の支援と豊富な資本＝欧米直輸入の採掘技術＝輸入の最新機械。

興味を引くのは、採掘時に排水のために使用されたポンプ生産にもこの二つの類型をそのまま適用できることだ。筑豊型＝中小工場（＝町工場）、三池型＝官営事業工場である。炭鉱用ポンプは輸入され、あるいは工部省で模倣生産されていた。ただし、その価格は割高であり、零細な炭鉱業者には手の出る代物ではなかった。ところが、明治の半ばには安価なポンプをつくる零細工場が設立された。鈴木はこの背景についてつぎのように述べる。

「一八八六（明治一九）年に……官営事業の製品価格は高く、このため民間事業者は当初ポンプを輸入したのである。……ポンプだけの見積もりは博多の業者からも寄せられている。導入七年目にして各地に製造業者が登場していたわけである。兵庫と長崎は官営工場の所在地であり、そこからの技術者の移動などによる技術の流出によるものと考えられる。官営工場の製品はその高価格のゆえ、部内の需要者にしか用いられなかったものの、その技術が民間に伝播することを通じて、機械工場、さらには炭鉱業の発展に貢献したのである。」

九州の筑豊地域で零細炭鉱が発達するのは、零細業者でも安価なポンプが入手できるようになったからであった。鈴木はこの点についてつぎのように説明を加える。

「明治二〇年代に入ると、さらに筑豊やその周辺に、スペシャル・ポンプをはじめとする炭鉱に必要な機械類を製造する中小工場が誕生してくる。……汽筒を中心とした蒸気機関をつくる能力のある工場であれば製作できた。実際には、鋳造で大まかな形をつくり、旋盤とボール盤で加工し、手作業で仕上げていた。この二種以外の工作機械をもった工場はまれで、小部品の製造には鍛造、いわゆる火づくりも用いられていた。……せいぜい三〜四気圧ではあるが高圧蒸気を用いるため、汽筒は小型であった。このような技術進歩により、中小工場でもポンプがつくれるようになっており、それが筑豊炭田の炭鉱業の発展を支えた。」

この事例は、大正期になって中小企業における機械化や動力化が推し進められていく前提でもあった。当時、高品質かつ高価な輸入機械を導入するのは大工場で可能であっても、中小工場ではきわめて困難であった。だが、中小工場が大企業製品と比べて品質的に劣るかもしれないが価格的に安価な機械を提供した。このことが、中小工場全体の機械化に大きく貢献した。

これは、現在の中小企業製品の市場の有り様をも物語っている。そして、鈴木は九州の炭鉱業とポンプとの関係を取り上げたが、同種の事例は諏訪周辺の製糸業と零細機械工場との関係、あるいは東京や大阪などの産業群と町工場との関係でも見出せる。

ところで、中小工場（＝町工場）を起こした担い手は当時の近代工場や、ある程度の規模の工場のスピンオフ層から供給された。この点について、旋盤工で作家の小関智弘は『町工場―世界を超える技術報告―』で、東京大田区での職人から工場主への「転身」の風景を実に感じのいい文章で紹介している。小関は二つのモデルを提示する。

一つめは変則的「のれん分け」型である。いままで使っていた旋盤などを退職金代わりに譲り受け数年間は同じ場所で家賃を払って間借り人となり、「〇〇工業協力工場」という手作り看板と名刺で受注活動に励み、やがて近隣の貸工場に移り自分の町工場を構えるというタイプである。

二つめは「技術と独立」が「工場経営」という精神の真ん中にあるモデルである。小関は、町工場で腕を磨き独立した職人タイプの工場経営者を紹介しながら、「独立するには、人と同じことをやっていては駄目だというのが、当初からの信念だった。ストイックな、ある種の精神主義のようなものを、独立自営している人たちは共通して持っている」と述べる。

また、小関はこれからの町工場について、つぎのような方向性が大事であると主張する。いわば「技術重視精神」型とでもいえよう。わたしなりに整理しておこう。

①「仕事を通して徳を積む」精神をもつこと。
②「技術的に場数を踏む」こと。
③「暮らすためには場をもつ」こと。
④「……『も』できる職人がいる」こと。
⑤「小さいままであろうとする」こと。
⑥「手に余る仕事を仲間うちで横に流して協力しあうが、上下の関係にはならない。町工場が上下関係の下請け工場をもつことは、自己否定につながる」こと。
⑦「長くても自由の利く時間」を持てるひとり親方への希求―「ひとり立ちする男が欲しかったのは、自分の銘を打つような仕事の充足感でも、他人に使われるよりはいくらかましな金でもなく、あるときぶらりと客がやってきて話しが弾んだら、二時間でも三時間でも機械を止めて、話に打ち興じてしまうことのできるような、そんな自由であったのかもしれない。そういう時間を稼ぐことができるのはひとり親方しかない。ひとり親方なのではない。親方ひとりなのだろう。そう思えばそれはかけがいのないない気楽な生き方に変わる」。ここにはライフスタイル（＝生き方）創業のある種のかたちがある。
⑧「当たり前のものをより良く作ろうという精神」―「経済的な価値とは別な、もうひとつの価値です。ものづくりの文化といってよい……そういう精神が現場の中から失われないように、目

を光らせている人たち……そういう人たちが、日本のものづくりの技術のいちばんの基盤となる」。

序章で技術開発という視点から、中小企業を「研究開発」型と「研究開発支援」型に類型化し、前者にいわゆるベンチャー企業を分類した。小関の提示する「技術重視精神」型もまたこの類型に値する。米国ではベンチャー企業は店頭市場などへの上場を目指す成長重視型である反面、日本のベンチャー企業調査から浮かび上がってくるベンチャー企業像は必ずしも上場だけを追い求めているわけでもない。

むしろ、実態的に多いのはこの「技術重視精神」型ではないだろうか。とりわけ、ハイテクスモールビジネスと⑦のようないわばライフスタイル型の独立形態とは重なる部分もある。これについては次章以下でもとりあげよう。

このような「技術重視精神」型の企業がいわゆるニッチ市場、あるいは大企業の研究開発に関連する特殊な市場において大きな貢献をしている事例も豊富である。

第二節　技術と社会

三好信浩は『明治のエンジニア教育―日本とイギリスのちがい―』で、明治期日本の技術者教育のあり方を英国との比較で論じ、「日本における工業化のにない手が武士であった」と特徴づける。三好はいう。

「イギリスでは、町の職人が発明家となり企業家となることによって市民階級が成立したが、日本では職人は依然としてその地位にとどめ置かれたまま、武士が工業化の旗手として登場した。サムライ・エンジニアの簇生である。明治維新後は、これらのサムライ・エンジニアはきそって工業官僚となり、さらに政治家に変貌した。……工業官僚は、工業人材を養成するための官立学校を組織した。そこにもまたサムライが蝟集した。……サムライが工業系学科に進学したことは、東京大学においても同じであった。」

技術と階層

三好は日本において技術教育の階級的蔑視観が生じなかった理由として、旧支配階級であった武士が技術取得に対して積極的であったことを指摘する。この背景には、技術的に西洋諸国へ追いつこうという攘夷思想の延長線上にある旧武士階層の国家意識があった。反面、こうして上から養成された技術者と、江戸封建期の士農工商という身分的秩序の「工」を引き継いだ技能者＝職人層との間をどのようにして埋めるのかという問題もあった。

明治期の技術と社会層との関係を知る上で、興味ある資料がある。それは農商務省商工局工務掛が「工場法」立案の基礎資料として作成した『職工事情』（明治三四〔一九〇一〕年）である。同書は当時のわが国の技術とその担い手を伝える貴重な資料である。これによれば、「鉄工」関係では、明治維新から三〇年余りが経過した時点で、職工数一〇〇人を超える工場が全国に三〇ほど、職工総数は約一・一万人であり、その中心は造船所や海軍工廠などであった。また、加工別職工ごとの社会的出自についてはつぎのように紹介された。

㈠　鍛冶工、製缶工、鋳物工、木工、塗工―「従来より存在したる技術を用いることを得るが故に、その職工中にはかつて工場以外にとこれに従事したる者あり」。

㈡　旋盤工、組立工、仕上工―「新たに起こりたる技術に属せるを以て、これに従事せる職工の多数は種々の社会階級より集まり来れり。彼らの間に士族の籍に属せる者あり、あるいは書生上りの者あり、また往々相当の教育ある者を見る」。

前者については、鍛冶屋＝鍛冶工、銅壺（どうこ）屋＝製缶工、鋳物屋＝鋳物工、大工＝木工、塗職人＝塗工といったかたちで継承された。後者には三好のいう士族層も含む。

こうした職工の教育背景はどのようなものであったろうか。『職工事情』は三菱造船所の職工五一一八人の学歴調査結果を紹介している。「無教育」（一六・八％）、「僅少の教育」（三四・〇％）、「尋常小学校卒」（三九・一％）、「高等小学校卒」（一〇・一％）となっている。ここには、正式な技術教育機関で学んだ三好のいうサムライ・エンジニアたちは登場しない。このころは、徒弟制度の下で現場を渡り歩き蓄積された職人技こそが大きな役割を果たしていた。

『職工事情』調査にも関与した横山源之助は『日本の下層社会』（明治三一［一八九八］年）で、聞き取り調査からこうした職人たちの気質について取り上げ、つぎのように観察記録も残している。

「機械工は口巧みにして腹あしく、鍛工および製缶職工は乱暴の誇りを受くると肌合いよしと。これ鍛工の方より機械工を許せる者なるが、更に旋盤工の方面より鍛工を見れば鍛工にも幾多難ずべき者あるべし。総じて他の活版・時計・靴等の職工に比せば鉄工は硝子職工と共に、従順、もしくは生意気等の非難を受けざる代りに乱暴という誹はけだしあたらずといっても遠からざるべし。」

関東と関西とでは同じ職工でも気風が異なったという。記録では「官立工場はその規則の整えること東京は大阪の上にあるを以て、職工の規律も東京は大阪の上にあり。賃金は官立工場は甚だしく相違なしといえども、市中の工場は東京は大阪の上に出ず。ただし大阪は賃金廉なりといえども東京に比して仕事多く、かつきわめて忙し」と紹介される。また、横山は当時の技術水準と品質についてもふれている。

「鉄工の如き技術を要する工場にても、同じく技術の修養を欠き、一に生産の多額を欲してその製作品は年に粗雑に流る。けだし工業の発達というは、ただに生産額の膨張を意味するのみならず、ならびに技術の発達これに伴わざるべからず。徒らに製作品のみ多く算出するも、品位技術にして上がることなければ、到底工業は発達せりとはいうべからざるなり。」

横山は当時の粗製濫造の原因をわが国の技術水準の低位性に求めた。そして、この解決なしには発展が困難であることに気づきもしている。他方、銅器・漆器・織物・刀剣などでは日本の技術はきわめて高いことに注目し、こうした水準は「おおむね七年ないし十年の年月を親方の許に年季奉公し、修養したる上に、ワタリと称して諸国を遊歴し技倆を鍛うるを普通とし、即ち職人は一の労働者に過ぎずといえども、常に自己の品位を重んじ、……馬鹿らしいほど職人の顔（体面）を重んじたる割合に、その腕（技倆）を鍛うことをこれつとめ、これをもって職人の精神とし、本領とし、神聖なる者とはなせるなり」という社会的規範により維持されたとみていた。

しかし、明治維新以降、「今日漸次この傾向廃頽あい、曩日に比ぶればその製作品は粗雑に流れ、一に多量に算出することのみ競うに至るたりと共に、工場労働者がその技術において見るに足るもの少なき、……」と横山は指摘する。当時、近代技術を伝授しうる親方ということであれば、造船所や工廠であったが、伝承されたとはいえ、実際には見習期間の終了以前に、「二年三年にして多少の賃金を得る技倆に達せば、大抵その工場を逃走して他に雇わる」という実態もあったようである。アジアに工場進出した経営者たちが、自工場で訓練しても技術者がすぐに転職すると嘆くが、日本でも同じようなことがあったのである。

技術という視点から明治後半をこのように振り返ると、従来の職人と近代技術の「伝道師」たる帝大や帝大出の技術者とを中間媒介する技能者の必要性も高まっていたことがわかる。もちろん、この問題は、明治政府の技術系官僚や工場経営者にも強く認識されていた。

必然、工業学校設立の機運も高まっていった。工手学校（現・工学院大学）などはこうした背景の下で設立された初期の学校である。いまでは私語となった「工手」は、同校の創立者であった渡辺洪基のことばを借りれば、帝大工学部卒の「将」を助け、職工という「卒」を導く「下士官」とされた。日本において、工学などの実業教育が大きく進展するのは大正期であった。

技術と学校

横山が調査を行った時期の東京には、技術「下士官」養成学校はそんなに多くなかった。工手学校より先に設立された学校は、土木・建築の私立攻玉社（現・攻玉社短大、明治一二年設立）。私立東京物理学校（現・東京理科大学、明治一四年）。「防貧教育、徒弟教育の改善、模範的工業経営の指示、日本工業の振興、模範的職工学校の例示、全国職工学校の教員養成」の設立趣旨の下、多くの工場技術者を輩出した東京職工学校（現・東京工業大学、明治一四年）。商工徒講習所（現・東京工業大学、明治一九年）、官立電信修技学校（現・東京電気通信学園、明治一九年）ぐらいであった。

工手学校の後に設立されたのは、東京高等学校の下に設立された工業教員養成所工業補習学校（現・東京工業大学付属工業高校、明治三二年）、東京府立職工学校（明治二三年）、私立東京商工学校（明治三六年）、東京府立工芸学校（現・都立工芸高校、明治三九年）、私立電機学校（現・東京電機大学、明治四〇年）、早稲田工手学校（明治四〇年）、私立中央工学校（明治四二年）などであった。

工手学校の設立趣意書は「工業の隆盛を謀るには、学術の応用極めて緊要なり。現今我国の工業稍々隆盛の機運に向ひ、鉄道敷設、鉱山採掘、其他造船、建築、電気、舎密（いまでいう化学―引用者注）製造等数多の事業国内各所に興起し、是等の事業に必須なる技術者を要すること頗る多きに至りしは、畢竟工業は応用を俟て始て完成の結果を得べきが故なり」と明治二〇年前後のわが国工業の現状を分析した上で、技術者養成の必要性と重要性をつぎのように訴えた。

「今我国の有様にては、技術者養成の学塾甚だ尠く、一二官立学校に於ては、高尚なる技師を養成するに充分なるも、各専門技師の補助たるべき工手を養成する学校に至りては、亦一校の設置あるなし。故に工業家に於ては、補助工手の供給なきに苦しみ、勢ひ学術応用の思想に乏しき者を以て、彼の高尚なる技師の補助と為さざるを得ず。為に技師は使役に不便を感ずるのみならず、結局、工業家の不利益を来すものにて、即ち我国工業進歩の一大障碍を与ふるものと云ふべし。是れ余輩の最も遺憾とする所なり。因て茲に一の工業学校を設立し、学科を土木、機械、電工、造家、造船、採鉱、冶金、製造舎密の八学科に分ち、世間有志の子弟又は昼間各工場に使雇せらるる工手、職工等に就学を許し、授業方法は専ら速成を旨とし、所謂補助工手を養成し、以て我国工業の隆盛を企図す。茲に聊か記して本校設立の趣旨を陳ると云爾。」

同校の設立委員長の渡辺洪基は東京帝国大学の総長であり、辰野金吾等の帝大教授と協力しながら工手学校の設立にこぎつけた。夜間の工手学校の修業年限は一年半であり、帝大教授などが講義を担当した。

工手学校入学者の社会階層について、中山茂は『帝国大学の誕生—国際比較の中での東大—』で、「当時帝大工科大学出のうち士族は八五パーセント（明治二三年）であったのに対し、工手学校出では士族の率は五四パーセント（明治二二年）と低くなっており、学生生徒の出身階層もちがうと考えられる」と指摘している。

技術とは中立的と考えられているが、その担い手の精神と行動はその社会的階層に大きく規定されるものでもある。この意味では、大学、大学院、工業高等専門学校、工業高等学校などの社会的選抜機構がわが国の技術発展にどのような役割を果たしたのかはわたしたちの興味を引く。

さらには、技術開発系のスモールビジネスの担い手とこれらの教育機関の卒業生の軌跡との関係がどうであったのか、この点は日本の研究開発文化を知る上でも重要な視点である。

技術と継承

その手がかりを与えてくれるのは、日本経済新聞社編『技人ニッポン―もの作りは「元気」も創る―』である。この小著は、小規模でありながらその高い技術水準を誇る町工場の経営者の学歴構造を紹介する。わたしもこのうち何社かを直接調査してみた。

経済記者が取材した内容に、さらにわたしが調査した内容も付け加えて町工場の経営者たちの経歴と事業の特徴を整理しておこう。なお、括弧内は取材当時（二〇〇〇年六月～九月）の年齢である。

(ア) 真空ポンプ工場経営者（七二歳）―小学校卒。一五歳で東京都大田区の鉄工所に奉公。クリスマス電球の町工場として独立し、後にポンプ製造へ。紙幣計算機向け真空ポンプでの世界シェアーは六〇％。

(イ) ダイヤカットマシン（七〇歳）―学歴不詳。スペースシャトル外壁セラミックス切断にも使用される。ミシン製造・販売会社の二代目。

(ウ) 金属繊維開発（六八歳）―高卒。家業の織物業を継承。二代目。

(エ) 乗用運搬機（六八歳）―私立工業大学卒。農機具メーカーをへて創業。

(オ) 絞り金型（六七歳）―小学校卒。金型工場の二代目。パソコン・携帯電話のバッテリーケース、燃料電池ケース、痛くない注射針など。首相も訪問。

(カ) 精密金型（六七歳）―高校中退。文具・玩具用金型工場を継承して精密金型へと転換。

(キ)　選果機（六七歳）―工業高校卒。大手メーカーをへて創業。国内シェアー第一位。
(ク)　魚介計量・選別機（六二歳）―製図専門学校卒。鍛冶屋の二代目。
(ケ)　非球面レンズ（六二歳）―大卒（専攻不詳）。父親や兄たちはレンズ研磨職人。機械メーカーをへて継承。
(コ)　ロストワックス加工（六〇歳）―国立大学工学部助教授より転身。
(サ)　和紙糸（五九歳）―経歴不詳。祖父が鉄工所から機屋へ転業。三代目。
(シ)　研削盤（五六歳）―大企業に技能養成工として入社。定時制高校、大学夜間部卒。職業訓練校校長を務めた父親と創業。
(ス)　竹素材開発（五三歳）―経歴不詳。
(セ)　沈下構造物復元工法（五二歳）―私立工業大学中退。
(ソ)　和紙製造（五二歳）―国立大学経済学部卒。和紙卸の二代目。
(タ)　精密検査選別装置（五〇歳）―定時制工業高校卒。
(チ)　めっき加工（五〇歳）―私立大学経済学部卒。めっき工場の二代目。
(ツ)　水平器（五〇歳）―私立工業大学中退。
(テ)　木工加工機（四六歳）―私立大学（専攻不詳）卒。二代目。
(ト)　新型陶器開発（四〇歳）―大卒（専攻不詳）。窯元三代目。

以上、高い技術水準をもつ小さな町工場のケースを経営者の年齢順に並べてみた。学歴との関係では、彼等は年齢に応じて当時の平均的な学歴をもつ。年齢別では、七〇歳代は昭和五［一九三〇］年以前の生まれでいわゆる戦中世代、敗戦のときは中学生以上であった。六〇歳代は前半の人たちが昭和一五［一九四〇］年以前の生まれで敗戦時には小学校にも上がっていない。彼らは戦中派といっても、日本の高度成長期とともに精神形成が行われた世代である。五〇歳代は戦中世代も含むが、実質的には戦後世代に近い。四〇歳代になると完全な戦後世代で、高度成長期に育った年齢層である。

(ア)の経営者は、いわゆるオンリーワン企業の事例としてテレビその他でもよく取り上げられてきた。真空ポンプでは圧倒的な競争力をもつ小さな巨人である。小学校を終え、茨城県から東京大田区の町工場に見習い職工として入り、金属加工を覚え、三〇歳で独立した。高等小学校卒は当時では平均的な学歴である。農村部では多くの人が旧制中学校に進学したわけではなかった。東京大田区は町工場主の苗床、いまのことばでは町工場主のインキュベーションであった。

この経営者は当時、比較的参入障壁が低くて輸出が好調であったクリスマス電球の製造でまずは独立した。昭和三〇年代には東京だけではなく、大阪市内でも輸出用クリスマス電球をつくる小さな町工場が多くあった。その後、香港などの台頭により短期間にこうした工場は消え去った。この町工場の場合はクリスマス電球に早く見切りをつけポンプの製造に乗り出した。

だが、現在に至るまでの経緯は順風満帆ではなく、倒産の危機も経験している。現在、社長は大学工学部卒の長男に継承されている。町工場でも一世代異なれば、昭和初期生まれの創業者は小学校卒、二代目は大学卒が普通である。

初代は「初等教育」↓「町工場での熟練獲得」↓「参入障壁の低い分野でまずは独立創業」↓「より高い加工分野を求めて漸進的に事業転換」↓「ニッチ市場の発見」という発展経路をたどった。しかし、ニッチ市場での世界的巨人といえども、工場規模は小規模である。そして、二代目は「大学での技術専攻」↓「創業者の下での熟練獲得」↓「事業の継承」の経路である。その先には、技術と事業がさらなる発展につながるのかどうかという課題がある。

(イ)は二代目経営者である。父親のミシン製造とは異分野に進出したという意味では一・五代目創業である。特許を取得しかつらの編み機へと進出、大きなシェアーを占めた。だが、特許有効期限が終わって大企業が参入すると、「編む」製品から「切る」製品へと転換した。その製品は切る技術で高い評価を得て、スペースシャトル外壁セラミックス切断にも使用される。

以上が七〇歳代の工場経営者たちである。

(ウ)から(コ)の事例には年齢差が八歳ほどあるが、いずれも六〇歳代の経営者たちである。(オ)の経営者以外はすでに高学歴化している。これはこの間のわが国の進学率をそのまま反映している。

(ウ)は日本の伝統的技術に金属素材を織り込む繊維素材を開発したケースである。群馬県桐生という繊維産地の機屋の長男で家業を継承。伝統的技能や技術を習得した上で新しい技術と結び付けた。金属繊維はいまでは家電製品にも利用されている。

㈤と㈭は日本の農業の「問題解決派生」型の技術応用であり、技術が社会のニーズにつながった好事例である。人が困っている。どうすれば技術的に解決できるか。こうした市場と技術が最初から交差する領域こそ非常に大事である。

㈤の経営者は三〇歳前後で農機具メーカーからスピンオフ創業した。最初の開発成果は収穫物の搬送が困難な段々畑の労働を大きく軽減したモノレール型搬送機である。今日ではみかん山やしいたけ山でよく見かける機械だ。現在のシェアーは七〇％ほど。「市場密接型」技術はやがて応用範囲が広がる。この町工場の製品は、高層化した建築現場での移動式足場をも生み出した。

㈭は従業員数約二〇〇人と、二〇の事例のなかでは町工場という規模を超える。工業高校卒業後、機械メーカーなどで設計技術者を経験して四〇歳で創業。地元のみかんをいかに選別するかという基点から始まり、りんご、梨、キウイ、白ねぎなどの選果機器で大きなシェアーをもつ。

㈴の経営者はこれまでもテレビなどで頻繁に取り上げられてきた。深絞り金型の高熟練技術が中核競争力で、量産までのプロトタイプ金型を専門とする。町工場には量産までの試作品製作を専門とするところも多く、この町工場はこのなかでもトップクラスである。この工場のルーツはライターや口紅ケースのプレス成型であった。百円ライターやプラスチック製品の登場で多くの工場は撤退したが、この町工場は絞り技術を発展させた。経営者は小学校卒で、父親が始めた金型工場で見習いからはじめ技術を習得した。

(ク)のケースは、ローテクを徐々に高めた技術が町工場にとっていかに重要であるかを示唆する。彼は高校卒業後、製図専門学校に進み、兄の経営する農業機械工場を手伝っているうちに、真珠貝養殖業者のヒントで計量機器の開発へと進んだ。ハイテク機器は厳しい使用環境では誤作動する。海岸などの厳しい環境でも正確に重量選別しうるローテクをハイテクにまで高めた機器は、世界三〇か国近くに輸出されてきた。

(ケ)は世界で初めて機械研磨による量産非球面レンズを可能にした事例である。資金不足ゆえ、技術という知恵で古い機械をやりくりしてこの技術を確立させた。この経営者は研磨職人の家に生まれ、兄たちが父の工場を継承したが、相次いで亡くなったことで、末弟の彼が継いだ。大学を出て、機械メーカーで働いた経験をもつ。

経営者は数学が分かる理論肌の職人であり、五〇歳を超えてパソコンによる演算方法も習得し、レンズ自動設計ソフトも完成させた。この経営者の中で、光学理論と数学・パソコン演算、職人的な研磨加工技能と機械利用が見事に結びついている。長男・次男がメーカーでの修行を終えて入社している。ここでも次世代での技術展開はどうあるべきかを考えさせられる。

(コ)は、大学助教授からの転身である。バイオ分野でこそ大学教授や助教授から起業したケースも見られるが、この経営者のように五〇歳を目前にして、国立大学工学部の材料工学担当の助教授から起業家となった事例はそう多くない。ロストワックス技術は複雑な形状の部品をつくるのに適する。問題はワックスの後処理であり、廃棄物排出ゼロに取り組んだ結果が建設資材や土壌改良剤をも生み出した。

次に、五〇歳代のケースとして(サ)から(ツ)をあげる。

(サ)の経営者は、北陸の繊維産地の機屋の三代目として生まれている。初代と三代目との間に北陸の繊維産地は大きく変貌し、繊維不況が恒常化するなかで廃業する同業者が増えた。危機感のなかで継承した事業をどう転換するのかが三代目の運命であった。和紙を織り込んだ布を開発する。軽くて柔らかく通気性と吸汗性が抜群の糸が完成した。いまでは、女性用下着から帽子にまで使用されている。

(シ)は従業員数五〇人ほどの工作機をつくる京都の町工場である。この町工場がつくりだす研削盤は精度で世界トップクラスである。経営者は、中学卒業後に大手機械メーカーの技能養成工としてキサゲ—越硬合金のノミのような工具で金属面を削り平面にする作業—技能を修得している。

十数年後に退社、数人と下請部品加工の町工場を創業。オイルショック不況で行き詰り、工作機械の修理工賃で食いつなぐ。結局、この修理がきっかけで、コンピュータ化されていく工作機械業界でキサゲという職人技が貴重とされ、超精密研削盤専門の町工場を職業訓練校の校長であった父親と創業した。

(ス)の事例は、建築素材といえば木材が主であったのを、孟宗竹を集成材として利用してその用途を多様化させた。竹は木材と違って三〜四年で成長するのが大きな利点である。竹材はスピーカーの共鳴箱に使用されたりもしている。

㋝の経営者は地元の私立工業大学を中退、二二歳のときに地盤改良工事の会社を立ち上げた。傾いた建物を元に戻すには従来は油圧ジャッキが利用されたが、この企業は建物が建つ地盤に凝固剤を注入、その隆起力で元に戻す独創的なやり方を開発した。阪神淡路大震災で傾いた建物など百棟以上復元させた。

㋞の経営者は国立大学を卒業後、生命保険会社のサラリーマンをしていた。だが、父親の急死でその和紙卸業を継承し、成長を見込めない和紙を壁紙などに応用する技術を開発した。

㋟は東大阪の典型的な町工場でもある。この経営者は地元の定時制工業高校を卒業後、父親が創業したネジ工場を継いだ。ナノテクノロジーで象徴化されるように現在の技術はますます微細化しつつある。だが、微細ゆえに検査は大変である。彼の独創的な発想から生まれる超精密検査装置は引っ張りだこである。

㋠は、めっき加工の町工場である。経営者は私立大学経済学部卒業後に父親のめっき工場を引き継いだ。チタンなどの希少金属へのめっき技術を確立させながら、いまはＤＮＡ検査チップへそのめっき技術を応用している。

㋡の経営者は私立工業大学を中退して入社した企業が倒産、その管財人を通じてビジネスエンジェルともいえる企業経営者と知り合い、創業。半導体レザーを利用した建築用などの水平器の開発に成功している。小型・軽量・簡単ゆえに、土木・建築現場で多く使われている。

最後の二つのケースは四〇歳代経営者である。

(テ)は秋田スギの木挽技術や機械製材を発展させ、木材を紙のような薄さに削り出す木材加工機などを開発した。経営者は私立大学を卒業後、父親の事業を引き継ぎ、素材としての木材の可能性を押し広げた。

(ト)の経営者は三重県の土鍋などで知られる万古焼の三代目に生まれた。窯元を継承したものの、円高で経営にも大きな転機がきて、新素材による陶器への模索を始める。水にほぐしたパルプとの混合陶土で薄地の陶器が可能となり、照明器具としての製品開発に結びつくようになった。

継承と発展

先の二〇事例は、これからの技術とスモールビジネスとの関係について将来の方向性を示唆している。それを、わたしなりに整理して掲げておく。

(一)　核としての技術とその発展性―二代続けて同一の事業を継承していない。三代目危機説の示唆するところである。

(二)　市場志向的―技術と技能の基本的相違は、技術を実際に市場で使うための架け橋が技能である。

技能を意識することは市場志向的であり、市場志向的であれば技術は技能となる。
㈢門前の小僧習わぬ経を読む―町工場のなかに育つことが見えない技術・技能移転につながる。
㈣新素材と伝統技巧の結合―大企業はその資金力ゆえに研究開発を進め、新しい素材を市場に提供できる。町工場ではこうしたことは困難である。だが、新素材をどのように加工するのかという点で、町工場の役割と貢献は大きい。
㈤熟練的手作業の競争力―高度成長期に中小企業の近代化が主張され、大量生産機械が町工場にも導入され、親企業＝大工場の量産を支えた。だが、量産時代が終結し、少量多品種となったとき、町工場の熟練的手作業という競争力も失われていった。やがて、コンピュータ化の波も押し寄せた。量産のための機械化やコンピュータ化に乗り遅れた町工場は決して大きくなれなかったが、こうした町工場はいまも生き残り精密な仕事をやっている。

㈠の点であるが、地場産業の調査をやってみると気づくことがある。すなわち、最初は地元の材料を使用して始まった小規模事業も、やがて海外輸入材料に依存し、また、手作業から機械を使用するようになる。その間に、プロダクトサイクルもあり、人の好みや技術革新も変化する。

一代目を三〇年間とすると、三代目で百年、百年間を通じて同種の製品をつくり続けることなど、伝統工芸など一部の事業分野を除けばそうあるわけではない。だが、継承されるべき技術と技能があれば、プロダクトサイクルの波を乗り切れる。機械やデジタル処理で置き換えられない職人技の継承の重要性がそこにある。これこそが㈤に挙げた熟練的手作業の競争力の本質でもある。

次に㈡の点である。先に紹介した工場の従業員規模は、一品受注生産・加工の町工場では五人前後から、完成品工場で四〇人前後、そして、最大で二〇〇人近くところもある。大量生産に特化すれば、これらの工場のなかには大規模となれたところがあったであろう。しかし、いずれの経営者も技能にこだわった。

技能にこだわれば市場が見える。市場が見えれば技術は技能となる。小さいが安定した市場がそこにある。安定した市場があれば、技能が磨かれる。経営規模の拡大を目的とするか、技能向上を目的とするかにより町工場の方向性は異なる。これは経済原則でもある。そして、この前に経営者のライフスタイル（＝生き方）がある。

㈢の点である。「門前の小僧、習わぬ経を読む」というのは、お寺の門前に住んでいる子供は、毎日読経を聞くので　別段、正式に習わなくても自然に覚えて読経できることを意味する。要するに、技能というのは、とくに勉強や学習をしなくても、普段から生活の一部として見たり聞いたりしていると、自然にそれを覚えてしまうものであるという意味である。

職住近接がむかしは普通であった。子どもは親の背中をみて育ち、父親の仕事を自然に覚えるのが通常であった。いまは、職住遠接となり、サラリーマン家庭に育つ子どもにはその成長過程で自然に技能移転が行われることは少ない。

町工場や商店に育った子どもたちはこうした技能や商売の勘を自然に覚えていった。大学や高校で技術を専攻せずとも、父親の急死や事故などで思いかけずその事業を継承し、やがて技術や技能面で先代を超える。これは「門前の小僧、習わぬ経を読む」のたとえ通り、工場が遊び場だったことが、知らないうちにモノづくりのＤＮＡを継承することにつながる好例だ。

このことはわたしがよく知る、加工技術で世界のトップ水準に達している二人の町工場の経営者についても当てはまる。一人は大学での専攻が経済学であるが、父親の工場が連鎖倒産のようなかたちでにっちもさっちも行かなくなったときに、事業を継承して、全く新しい加工技術を確立させた。大学では工学を専攻しなかったが、先代から加工技術を受け継ぎ、工学専攻者とは異なる発想でその技術を世界水準にまで高めた。

もう一人は経営学を専攻、先代の町工場を引きつぎ、工学は夜間大学に通って習いながら精密加工技術を身につけた。もしこの二人がサラリーマン家庭に生まれていたら、「門前の小僧、習わぬ経を読む」となっていただろうか。この意味で、町工場の減少をどのようにとらえるかという課題がそこにある。

㈣の点である。日本の大企業の新素材開発力は世界水準にある。だが、これをどのようにして加工面で生かすのか。となればそれは、応用面で高い加工技術を誇る健全で元気な町工場が存在してはじめて、日本の大企業の素材競争力がさらに強化される。日本の町工場には、数世代にわたって蓄積してきた伝統技巧によって新素材を着実に生かしているところも多い。

最後に㈤の点であるが、小関智弘は『町工場、世界を超える技術報告』で、缶ジュースや缶ビールなどプルトップの金型で世界一七か国の特許を取得した東京大田区にあるわずか六人の町工場の経営者のはなしをつぎのように紹介している。

「二十数年前、東京の晴海で開かれた国際工作機械見本市……放電加工機などの新しい金型づくりの実演を見た谷内さんは、『これでもう俺の時代は終わった、と思うと涙が止まりませんでした。』……しかし谷内さんは、近隣の金型工場が新しい機械を次々と導入するのを横目に、『コンピュータ技術だけではどうしても作れない金型がある。俺はそういう分野で生きてゆくしかないだろう。そう思いましたね』。結果として、谷内さんはその分野で世界のタニケイになったのだった。」

一九六〇年代以降、日本の中小企業政策において近代化促進が強調され、この目的にそってさまざまな制度が導入され、町工場の「近代化」が推し進められた。その結果、大企業の大量生産体制を支える多くの下請型中小企業が育成されてきた。

反面、そこでは中小企業、とりわけ町工場にもさまざまな存立形態があることが忘れられてしまった。大量生産で存立基盤を確保しうる町工場がある一方で、大量生産のための機械化により技能が低下して存立そのものがむしろ危うくなった町工場もある。

わたしたちは、技術と技能という視点から、画一的な中小企業政策の有効性と限界性についてもう一度確認しておく必要がある。

第二章　スモールビジネスと類型

第一節　過去を考える

技術と養成

スモールビジネスの経営者層と技術者層とは、日本社会でどのように交錯してきたのだろうか。技術系スモールビジネスの経営者層というのは、どのような社会層から輩出されてきたのだろうか。この問いはその社会の技術者養成のあり方と密接な関係をもつ。

技術者にはいくつかの類型を想定できる。たとえば、一つめは、正式な教育機関の工学専攻者や職業訓練学校などの卒業者。もちろん、卒業後、企業などでの実務経験をもつ。二つめは初等教育を終了し、工場などでの徒弟経験をもった者。

一つめの場合、いまでこそ大学での工学専攻者も卒業後に中小企業に就職する。だが、日本において工学教育が高等教育機関などで普及しはじめた大正期や昭和戦前期には、卒業生のほとんどは大企業に就職した。坂上茂樹は、『伊藤正男―トップエンジニアと仲間たち―』で日本のディーゼルエンジン開発で大きな役割を果たした技術者の一人を取り上げ、彼の軌跡を詳細に紹介している。伊藤正男は明治四四［一九一一］年、朝鮮総督平壌鉱業所勤務の伊藤常吉の三男に生まれた。伊藤が小学生のころに一家は九州の天草へ、その後山口県に戻り、伊藤は大正後期から昭和初期にかけて山口県で寄宿しながら中学校生活を送った。

伊藤は高等学校ではなく、九州戸畑の明治専門学校に進学した。同校は日清・日露の戦争景気で大きな利益を手にした炭鉱王の安川敬一郎が私財を投じて、明治四二［一九〇九］年に三学科（採鉱・冶金・機械工学）の私立専門学校として開校。二年後には二学科（応用化学・電気工学）を増設した。その後、同校は大正一二［一九二三］年に五学科（鉱山・冶金・機械工学・応用化学・電気工学）の官立専門学校（四年制、戦中は三年制）に移管され、学科改廃を経て、第二次世界大戦後は昭和二四［一九四九］年に九州工業大学となった。

伊藤が進学した大正後期は日本が農業国家から工業国家へと大きく転換した時期であり、大量の技術者を必要とした。では、当時の教育構造はどのようになっていたのだろうか。

大正九［一九二〇］年の日本の就学状況をみておく。明治後期にようやく六年間義務制となった尋常小学校には約七七二万人（うち女子三七六万人）、二年制高等小学校に約九〇万人（うち女子三〇万人）、中学校に約一八万人、高等女学校に約一三万人が学んでいた。その後の教育進路は、夜間などの実業補習学校―農業、工業、商業―へ約一〇〇万人（うち女子一九万人）、師範学校へ二万七〇〇〇人（うち、女子九〇〇〇人）、高等学校へ九〇〇〇人となっていた。

高等教育機関の学生数をみると、師範学校については高等師範学校で一二九三人、女子高等師範学校で七六六人、大学で二万二〇〇〇人（うち女子は二人）が学んでいた。専門学校―農業、商業、工業―には四万九〇〇〇人（女子は二八〇〇人）がいた。このうち、伊藤が学んだような官立高等工業学校―繊維関係の専門学校は除く―は二五校ほどあった。

ほとんどの国民が高等学校に進み、さらに大学や専門・専修学校に進学する現在の教育構造がいわば「ずん胴」型であるとすれば、この時期は、初等教育、中等教育、高等教育と就学人数が徐々に少なくなり、頂が小さくなる「ピラミッド」型であったことがわかる。

伊藤が学んだころの明治専門学校の機械科は定員三〇名ほど、このほかの学科を含めても一学年一〇〇名すこしであった。いずれにせよ、伊藤のような技術者の卵は貴重な人材であった。

ここで伊藤の卒業後の進路をみておこう。

卒業に際して、学校が推薦したのは満鉄（南満州鉄道株式会社）、国鉄（日本国有鉄道、現在のＪＲ）、三井鉱山など大企業であった。高等教育機関で技術を専攻した学生数そのものが少なかった昭和初期では、卒業生ネットワークが現在以上に大きな役割を果たした。世界大恐慌の影響下、伊藤の就職は定期採用時期が終わっても決まらず難航した。この点について、坂上は伊藤の健康問題に加え、成績が上位でなかったことを理由に挙げている。

結局のところ、伊藤は偶然の機会をえて、陸軍運輸部に「時局間臨時製図工」、つまり、アルバイトの製図係として採用された。伊藤は同級生たちが経済恐慌下の狭い採用枠にもかかわらず、大企業の技術者として採用されたのをうらやましいと思ったであろう。

しかしながら、人生とは不思議なものである。砲工学校と東北大学機械工学科の出身で、上陸舟艇用ディーゼルエンジンの国産化を担当した工兵中尉との出会いが、伊藤のその後の技術者人生を決定することになる。

この工兵中尉の紹介で、伊藤は自動車工業株式会社（いすゞ）に採用された。当時は、軍用トラック開発も急がれた時期である。東京石川島造船所は大正七［一九一七］年に英国企業から自動車の製造権を買い取った。同社は自動車部を設け自動車の国産化事業を始め、やがて乗用車から軍用トラックに転じた。

トラック製造では、石川のほかにもダット自動車製造、東京瓦斯電気工業の自動車部も国産化事業に着手した。この三社が陸軍の肝いりで合併して誕生したのが自動車工業株式会社であった。

昭和一一［一九三六］年の「自動車製造事業法」により、自動車製造は国家事業となった。東京自動車工業は商工省によってトヨタ、日産とともに許可会社とされ、ディーゼル自動車工業株式会社と改名された。つまり、同社はディーゼルエンジンの独占企業として国のお墨付きをもらった。

伊藤自身は臨時採用の身分に長く置かれたが、やがてエンジン開発で設計の中心的役割を果たすことになる。坂上は、昭和八～九［一九三三～三四］年ころの同社のエンジン開発に従事した学卒技術者二〇数名の記録を紹介している。これによると、このうち大卒は東京帝大八名、京都帝大二名、九州帝大一名であった。

伊藤が勤務した設計室の設計課長は、東京帝大機械科を優秀な成績で卒業した楠木直道で、恩師の猛反対を押し切り「海のものとも山のものともわからない」石川島自動車部に入ったという。いつの時代でも、新たな技術に果敢に挑戦する人たちには、既存の体制にかかわらないライフスタイル（生き方）をもっている。楠木は後に東京大学教授となった。帝大卒以外では、伊藤のほかに横浜高等工業学校（現・横浜国立大学工学部）や東京高等工業学校（現・東京工業大学）の出身者などもいた。

技術と波及

そして戦後である。

日本は航空機生産を禁じられた。そのため、戦前の航空機技術者たちが自動車業界に入ってきた。伊藤らもまた自動車産業の再建に取り組んでいた。しかし、戦前に自動車エンジンや航空機エンジンに取り組んだ技術者たちが、すべて以前のような職に復帰できたわけではなかった。

復帰の枠からもれた人材こそが当時の町工場へ技術移転をもたらした。たとえば、町工場レベルからスタートしたホンダなどの成長過程をみても、戦後日本が復興し新卒技術者が世に送り出されるまでは、こうした技術者の活躍があった。

さて、伊藤や伊藤の周辺にいた技術者たちは「学校養成の人材」であるが、正式な教育機関を経なくとも技術者として同種の役割を果たしたのは、近代工場などの経験者であった。

日本で最初に自動車製作に先鞭をつけた先駆者は、明治七［一八七四］年生まれの山羽寅夫であった。山羽は横須賀の海軍工廠、神戸の小野浜造船所、東京の沖電気、逓信省の電気試験所で機械や電気に関する経験と知識を得て、郷里の岡山に帰り紡績工場の電気技師となり、その後、電気器具の製造・修理工場を設立した。

「学校出」の伊藤より一世代前では、山羽のような経歴が先端技術を身につける現実的なキャリア選択であった。山羽に自動車製作のはなしが持ち込まれたのは、岡山の新しいモノ好きの資産家たちの好奇心と商売心であった。彼らは明治三六［一九〇三］年に大阪で開催された内国博覧会の送迎用バスに魅せられ、バス事業に乗り出そうと考えた。当初は大阪でバスの製造業者を探した。地元に山羽がいるのを知り、バスづくりを発注した。

山羽自身は明治四〇［一九〇七］年に米国製オートバイに魅せられ、エンジン製造を思い立ち翌年にはなんとかオートバイを完成させていた。この経験があったからこそ、山羽も自動車製造の依頼を引き受けたのであろう。ただし、こちらのほうは蒸気自動車であった。ちなみに、この復刻蒸気自動車は、愛知万博が開かれた長久手町にあるトヨタ博物館に展示されている。

山羽等の試行錯誤は工業生産には直接結びつかなかった。自動車生産は部品など関連産業という広い裾野の上に成立するものであって、海の向こうでフォード等が取り組んでいた自動車の製造は、まさに米国の工業化の上に花開いたものであった。また、需要面でも国土の広い米国と異なり、日本の場合は汽車や船舶輸送のほうがより現実的な交通手段として発達した。

その結果、工業化・需要の拡大の双方と軍事的要請から、自動車の国産化が求められたのは伊藤等の時代からであった。ただし、日本の市場に合致したのはむしろオート三輪車であったともいえよう。道路が満足に整備されていなかった当時の道路事情の下で、細い路地にまである程度の荷物を運べるオート三輪車は日本で独自に発達した小型車でもあった。

このオート三輪は第二次世界大戦後も生産され、わたしの世代なら記憶にあるように、高度成長期の昭和三〇年代にも街で多く見かけたはずである。また、オート三輪だけでなく、二輪車であるオートバイやスクーターなども盛んに生産されていた。その背景には、戦時中にこうした技術に関わった社会層の拡大があった。

やがて、オート三輪から四輪車メーカーに転じたダイハツやマツダ、戦前からのトヨタ、日産、いすゞ、二輪車メーカーとして残ったホンダ—のちに四輪車へ—、ヤマハ、カワサキなどが大きな市場シェアーを確保するにつれ、中小メーカーは倒産、あるいは転業していった。これは技術者の様々な関連産業への拡散を意味した。この中には、自ら鉄工所を起こしたものの、中堅・中小企業の技術者に転じた者もいた。

技術と起業

一般に事業を起こすには、それぞれの産業での参入障壁を越える必要がある。通常、資本障壁と技術障壁がある。商業という分野に限っていえば、資本障壁は必ずしも高くはない。技術障壁は商業の場合、多くの創業者がそうであるように、商店等で働きながら商品の仕入れや接客、簡単な会計処理などを身につける。他方、工業の場合には、機械・設備などの投資額は商業と比べて大きく、また、技術障壁も高いのが通常である。

工業における創業の担い手は、先にみた技術者の二類型でみると、前者の大学や専門学校を卒業した人たちの場合、企業内で昇格・昇進していく割合に比べ、スピンオフの割合は高いとはいえない。反対に、後者の初等教育あるいは実業学校の修了者が、町工場などで徒弟を経験し、スピンオフする例などは多い。

岩内亮一はこうした大工場と中小零細工場におけるスピンオフの割合は、元来は、双方ともに高かったものの、一九世紀から二〇世紀にかけて変化したとみる。岩内は「企業の発展と企業内教育―わが国中小企業の企業内訓練―」でつぎのように述べる（豊田俊雄編著『わが国産業化と実業教育』所収)。

「一九世紀の後半、大企業労働者と中小企業労働者の間には、まだ明確な階層的差異がなかった。……当初は修行を重ねる間に経験と蓄財をもとに小経営主として独立しようとする労働者が少なからず存在し、大企業、中小企業を問わず『独立』型の移動が労働者の夢であった。ところが、一九世紀から二〇世紀にかけての企業の新設・増設に伴って状況は徐々に変化する。それ以前まで、大企業の労働者は、上級職長になるか、それとも町工場の経営主になるかの理想のもとに、毎日励んでいたが、このころから、町工場を開く可能性が低下した。……徒弟は小経営主として独立することも、職長へと昇進することもできなくなり、そのため、他の工場を転々とする『渡り職工』となったケースが少なくなかった。」

岩内はこの「渡り職工」を技術移転の場として積極的にとらえる。独立経営者となった事例として会田陽啓のケースが取り上げられる。会田は一二歳でプレス機製作やプレス加工を行う一五名ほどの町工場に徒弟として入った。二三歳で独立したものの、行き詰まり、横浜ドック、横須賀海軍工廠、佃島製作所の下請工場などを転々とした。そして、二八歳で会田鉄工所を設立した。現在、会田の創業した町工場は東証一部上場の日本を代表するプレス機器メーカーのアイダエンジニアリング（資本金七八億円）となっている。

なお、この渡り職工については、高口明久も第一次世界大戦から昭和戦前期の労働市場を分析した

「修業的労働市場」の存立構造で、それが独立・開業のための実質上の訓練制度であったが、やがてこうした機会が閉じられていったことを指摘する（豊田前掲書）。

「重工業の技術水準が未だ労働者の手工的熟練の活躍の余地を大幅にもっている段階において、熟練職種ごとに企業横断的な労働市場が存在し、労働者は大小の工場を広い地域にわたって流動した。こうした『渡り職工』の頻繁な移動・遍歴を導いていた意識は町工場の経営者として『独立・開業』を遂げることであった。……第一次大戦後……大企業においてはこの期に『企業内養成制度』の普及・定着が進み、労働市場の企業内部化が顕著になってゆく。その意味で、『職人徒弟制』及び『工場徒弟制』形態での職工養成から『企業内養成制度』の完成に至るまでの過渡的性格をもった状況としてあったものが、中小企業においてはこの期以降長い間にわたって存続し続けた、という事実であった。」

渡り職工の先に町工場としての独立・自立の途が必ずしも保障されなくなったとすれば、その背景には二つの新たな状況があった。一つめは産業構造の転換。つまり、従来の軽工業から重工業への転換。象徴的な表現では、道具という職人的技能から機械操作へという流れである。道具を使う職人技は零細工場などの「渡り」を繰り返すことで向上する。だが、機械操作を通じて形成される近代技術の獲得は資本装備率の高い大工場でのみ可能であった。

二つめは技術革新。これへの対応は学卒技術者に求められた。この二つの要因は、大工場において交差した。大工場は当時増加しつつあった新卒者を採用して、自社内で養成することで、渡り職工への依存度を低下させた。

では、会田陽啓のようなケースはその後減少していったのだろうか。統計数字があるわけではないので、これについてはよくわからない。製缶工として町工場を見つめてきた森清は『町工場―もうひとつの近代化―』で、町工場的職人と起業との関係について、「第二次世界大戦が始まる以前には、腕がよくて、少し商売気のある職人が独立して小工場を開く例が多かった。もちろん、戦後にも腕のよい職人で自営主になった人もいる。けれども、かえって腕がじゃまするこの方が多かった。逆にいえば、商売上手だけで十分に工場をもつことができたのである。戦前から戦後にかけて、そのようにしてできた小さい工場が、東京の下町、城東地区には多い」と指摘しつつ、独立した職人たちの人間像をつぎのように描いてみせる。

㈠　競争意識の強い職人たち―「職人というのは、意気に感じて仕事をする。……つい働きすぎてしまう。……働きすぎる職人のなかで、より競争意識の強い客気さかんな人物が小工場主へと転じていった」。

㈡　貧しさからの脱出と自立志向の強い職人たち―「現代においては、貧しさからの脱出志向が仕事を通しての自立志向に結びつく意識は、多くの人びとの人生観からずり落ちてしまっている。ひとつの差別であり、階級化の深まりでしかない。使われることへのつらさが、使う者になろうという志向にすりかわるというのは、自己確立以前の問題だ」。

わたしは、森の指摘する町工場の精神がいまなお独立志向者にも継承されているものとみる。しかし、豊かさの中の貧困という意味では、物質的に恵まれた若者の貧困問題はむしろ非物質的、つまり精神性のなかにある。「教育される」「学校に行かせてもらう」「育ててもらう」という「される」ことに慣れ切って、一歩を踏み出せない若者も一定数いる。問題は「自分を教育する」「自ら学校に行く」「自ら育つ」という行動に移れない精神的貧困がそこにあることだ。

森のいう「貧しさからの脱出志向が仕事を通しての自立志向に結びつく意識」というライフスタイル（生き方）こそが重要である。それこそが「自らの充実が人を使うものへの転嫁であるという」精神とは一線を画して峻別すべき、起業家精神の核でもあるのだ。

第二節　現状を考える

起業と精神

森清は、町工場は高度成長期の終焉あたりから「容赦なく押し寄せる時代の波のなかで揺れ動き」、中小工場主のアイデンティティが喪失しつつあることに危機感をもち、警鐘を鳴らしてきた。

「中小工場主はこれまで、教育者としての自負と、名前と顔が一致する規模の集団を率いている〈長〉としての自信を持ってきた。しかし、高度成長が終わり、……中小工場主の多くは、教育者としての役割と経営者としての権威を自ら放棄するようになった。企業家精神の喪失である。その一方で、近代化を名目に、大企業型の技術管理体系が天下りで中小工場に入ってくる。その結果、組織の柔軟性と冒険性が失われていく。だが、厳しい企業競争のなかで生き残ろうとすれば、そうせざるを得ないのも事実である。そこに中小工場のジレンマがある。」

ここで、森が「大企業型の技術管理体系の天下り」といっているのは、「工場の規模が大きくなるほど、そこで働く人びとは技術取得よりも管理手法の勉強に精を出す。技術の分化とマニュアル化が進むために就業して数年たつと自分たちの技術は高まるだけ高まったと思い込み、さらに三〇代なかばになると技術を持つ者としてよりも人間関係操作者としての役割が増えるからであろう」と忖度する。

この点を勘違いすれば、起業は大きなリスクを伴う行為となる。独立するに足る技術と技術的管理手法とは根本的に異なるのだ。森はこの相違に注意を喚起する。

私の知人の経営者もこの点を強調する。

彼は、取引先からの退職者を「天下り」として受け入れることを取引関係維持の必要コストとして割り切ってきた。だが、彼は大工場で三〇年以上働いてきた人たちが町工場に持ち込む技術観には批判的だ。彼は町工場では、「これだけできる人を管理する」分業が進んだ大工場的手法は必ずしも役立つといえず、自分のきちんとした技術をもちながらも「これもあれもできる」という柔軟性こそがむしろ町工場の競争力の中核であるといつも主張している。

これに関連して、独立後に短期間で世界的に知られる専門的音響メーカーに成長させた創業者はつぎのように語る。

「わたしたちのような手作りに近いような職人技が競争力の源泉であるスモールビジネスでも、世界の技術潮流に乗り遅れないようにハイテク技術の導入を図っているのです。この場合、十数人だけでこなせない分野もあるので、大企業の社員などにきてもらったことがありました。むしろん、ヘッドハンティングすることもできないので、大企業を退職した技術者です。これはわたしたちにとって結果的には技術移転にはなりませんでした。彼等の『ハイ、ここまではわたしたちの仕事。ハイ、そこからはつぎの部署の仕事』という発想では、とてもスモールビジネスの研究開発担当者なんぞは勤まりません。」

町工場のような顔の見える経営規模の組織では、技能者たちのなかにいくつもの顔が同居する。その一つだけを取り出して管理することなどは困難であり、この困難さこそが町工場の目に見えない競争力をかたちづくっている源泉である。

他方、大工場では、技能者や技術者の役割分業が確立している。このことは知らないうちにそこに働く人の発想にも自己規制を働かせる。技術の分化とマニュアル化によって形成された「技能」は大企業という場では有効でも、町工場という場ではその有効性を減じる場合も多い。

技術と独立

三谷直紀等の「中小企業経営者の実態に関する調査研究会」は、一九九五年に、阪神淡路大震災の被害が残る地域を除く近畿地域、中国・四国地域の従業員一〇〇人未満の企業のうち、不安な時期をやりすごした創業後六〜一五年の中小企業経営者三〇〇〇人以上を対象にした調査を行い、具体性のある経営者像を引き出している。

この調査メンバーの一人、松繁寿和はこのデータに基づいた論稿「起業後の成長を決定する要因」で、起業後の成長決定要因を探っている（三谷直紀・脇坂明編『マイクロビジネスの経済分析―中小企業経営者の実態と雇用創出―』所収）。残念ながら、経営者の属性については、技術者や研究者による起業ケースはそう多くない。学歴分布のうち、大卒者では文科系卒が過半、大卒理科系および高専卒は全体の一〇％にも満たない。

この点について、松繁は「文系大卒が理系大卒のほぼ二倍存在することは注目に値する。技術者や研究者として育ってきた者が社長となるケースは、この規模の会社では文系に比べて少ないようである」と指摘する。このデータによれば、経営者の九〇％以上は、独立前に他企業で従業員として働いた経験をもつ。そのうち、経営陣の経験をもつ人たちは一七％である。また、六〇％ほどは以前の仕事と全く関係ない分野で起業を行っていた。

そして、文科系や理科系という区別よりも興味あるクロス集計の分析結果が出ているのは、以前に働いていた企業の規模と創業分野との関係である。

㈠ 以前と継続性のある事業分野での起業―小規模企業（ここでは五〇人未満）での就業経験のある経営者は同じ事業分野で起業する傾向にある。

㈡ 以前とは異なる事業分野での起業―大規模企業（ここでは一〇〇〇人以上）からスピンオフして「新規開業する者の中には、それまでの仕事との連続性を断つ者が比較的多く存在する」。

こうしてみると、大企業の技術者のスピンオフ割合が高くないこともまた首肯できよう。国民生活金融公庫は『新規開業白書』で、同公庫から開業資金を借り入れた起業者たちのケーススタディを紹介している。その中には大企業勤務経験者が同一分野ではなく商業やサービス業分野で起業しているケースもみられる。これはむしろ起業というよりも、いわゆる「脱サラ」的自営業の開業といったほうが実態に近い。とりわけ、飲食業の開業はこの典型である。

では、起業後の成長要因はどうなっているのだろうか。松繁の経営者属性と起業後の成長との回帰分析の結果―正の相関をもった要因―を紹介しておこう。

① 過去の仕事経験との関係―「いきなり仕事経験が無く事業を始めるよりも、他社で仕事の経験をある程度積んだ後に開業したほうが結果がよい」。

②　過去の勤務先企業の従業員規模（＝一〇〇〇人以上）との関係―「独立開業後も以前勤めた会社との取引関係が生じることがあるとすれば、大企業との関係を結び易い企業ほど成功の可能性が高いかもしれない。また、大企業で仕事をすることで事業経営において役立つノウハウをより身に付けやすいという可能性もある」。

③　学歴との関係―「学歴変数が企業の業績に与える影響は明確にはとらえられなかった」。

この他、開業資金の多寡と起業後の成長率との関係は正の相関が確認されている。起業年齢については「ある程度の経験を積んだ後に開業に踏み切った場合、結果がよいことがわかった。逆に、定年退職後に開業した場合は事業規模の拡張はそうでない場合に比べ望めない」とされる。

では、この回帰分析の結果をどう解釈するかである。①は首肯できよう。②については独立開業後も大企業と取引関係が継続される起業分野とはどのようなものであろうか。松繁は言及していない。すでに紹介したように、かつては町工場で「のれん分け」的で濃厚な人間関係が形成されていた。つまり、独立後も親方から下請仕事をもらうことで、起業当初をなんとかやりくりするようなセーフティーネットがあった。しかし、大企業の場合、どうなのであろうか。

中根千枝は『タテ社会の人間関係―単一社会の人間関係―』で、社会集団を「資格」と「場」という視点からとらえ、日本社会を「場による」社会と位置づける。中根はいう。

「場によって個人が所属するとなると、現実的に個人は一つの集団にしか所属できないことになる。その場を離れれば、同時に、その集団外に出てしまうわけであり、個人は同時に二つ以上の場に自己をおくことは不可能である。これに対して、資格によれば、個人はいくつかの資格をもっているわけであるから、それぞれの資格によって、いろいろな集団に交錯して所属することが可能である。ここで機能を発揮するのはネットワークであり、場の場合における枠に対照される。」

中根の著作はおよそ四〇年前に発表された。その当時、ネットワークということばがいまのように多用されていたわけでもなかった。いまでは、「場」の異なる個人や組織の間をつなぐものとしてネットワークが解釈される傾向にある。だが、中根は日本社会の本質とは何々会社の誰某というむしろ「場」の社会であることを強調した。中根は、こうした社会ではエンジニアの誰某という「資格」が優先されるネットワーク社会の成立はむずかしいことを示唆した。

このことは、大企業などの組織を離れると、そこでの人間関係をそれまでの会社の枠を超えて維持・発展させる可能性が小さいことを意味する。

大企業の技術者からスピンオフ起業した事例については、わたしが直接調査した分では数社しかないので一般化する自信はない。あくまでも事例として、このうちの二社をケーススタディとして紹介しておこう。

一つめは三〇歳代後半で粉末冶金技術を核にスピンオフした事例である。彼は大学で金属工学を専攻した後、大手自動車メーカーに一五年間ほど技術者としてつとめ独立した。独立後の取引関係からいえば、以前勤めていたメーカーとの直接的取引関係はなく、むしろ主要受注先は自動車関係より家電や金属加工分野である。

二つめは大学卒業後、大手家電メーカーに設計技術者として三〇年以上勤務し、会社側の早期退職（＝退職金割増）制度に応じ退職までに数年以上残して退職、自宅を事務所代わりに機械設計事務所を起こしたケースである。この場合、取引先は以前の勤務先企業ではなく外注先であり、彼は自らのアイデアを盛り込んだ設計で、かつての外注先の数社を取りまとめて完成品をつくりあげるネットワーカー的設計者となっている。

もちろん、この二つの事例だけでは判断できない。二人の経営者とも、大企業組織の場合は人の移動もあり、以前の社内の人間関係を自分のビジネスに「利用」するのは必ずしも容易ではないと言う。他方、社内プロジェクトや外注購買などで取引関係にあった中小企業経営者とのネットワークは有効だとする。一つめのケースの経営者はいう。

「大企業の場合、購買先や外注先も多いし、また、購買額や外注額も多い。若い技術者であっても中小企業を下に見るような意識をもつ人たちも多い。しかし、研究開発などのプロジェクトや製品づくりでは、大企業＝発注する強い立場、中小企業＝受注する弱い立場という関係ではなく、仲間という関係が大事です。この関係は同じ技術者という感じで退職しても継続します。こうした関係が市場開拓に直接つながらなくても、いろいろな情報が入ってくることにより新たな受注の可能性がでてきたりします。中小企業経営者は中小企業相互だけではなく、いろいろな分野の企業ともつながりをもっていますからね。社内のことしか知らない大企業のサラリーマン技術者とは大いに異なります。」

これは、中根がいう、ネットワークとは元来「資格」を核としたものであるという指摘にも呼応している。と同時に、技術者系起業が成功するかどうかの鍵がどこにあるのかも示唆している。

経験と知識

起業が成功するかどうかは、学校卒業後の職務経験とは無関係には論じられない。三谷等のデータでは、大企業での職務経験と起業分野との関係については明確な結論が示されていない。だが、技術系では、起業する分野とその職務経験は深い関係を有することは十分考えられる。では、技術系人材の大企業での職務経験の有効性とは何であるのか。

一般に、小規模企業の場合、その経営規模は小規模ゆえに、従業者はより未分化な分業体制の中で多能工的な経験を身につけることになる。これに対し、大企業ではどのような職務経験が得られるのだろうか。中村圭介は『日本の職場と生産システム』でビデオ・テープ・レコーダー（VTR）生産、自動車生産、鉄鋼業、ソフトウェア産業での職務経験の内容を詳細に紹介し検討する。

たとえば、大手家電メーカーのＶＴＲ最終組立ラインでの正規現場作業員の場合、「入社時には必ず調整、検査工程の職務につくことになる。調整、検査工程にある格付けの低い職務が、いわば入り口的職務だといってよい。その後各工程内におけるジョブ・ローテーション、工程間のジョブ・ローテーションを経て、と同時に仕事別グループの上昇を経ながら、調整、検査工程における多くの職務を経験することになる」。その後のキャリアは、品質、修理、保守などのグループに組み込まれ、班長クラスへと昇格している。中村はこうしたキャリアについてつぎのように解釈する。

「製造部門の労働者の職務内容については多様な製品種類、多様な機械に対応できるようにヨコへの広がりがみられると同時に、品質管理、関係会社管理、進捗管理など様々な管理業務、問題解決行動、新製品開発プロセスへの積極的参加など、タテへの高度化もみることができる。……いいかえれば、職場の労働者集団の中に、管理部門に代わって生産管理を行う労働者たちが存在している。」

この指摘は自動車部品メーカーにも共通する。納期短縮化のなかでのフレキシブルな生産体制が目指され、生産技術者であれば「それまでの機械設備中心の仕事から工程レイアウトの決定、機械設備の選定、そして加工条件の設定までを担うようになり、他方でこうした工程設計を生産準備段階において具体化していく際に中心的役割を果たすようにな」る。すなわち、ここでも多能工化の傾向がみられる。また、ソフトウェア技術者も単にシステムやプログラム設計だけを担当するのではなく、業務分析やコンサルテーションなど多様な業務を経験している。
こうした事例を通して、中村は日本での企業内キャリアが「多能工化ではなく、多課業化である」との指摘に反論する。すなわち、「事例研究により十分に批判しえたと思う。キャリアという長期的視点を持つかどうか、事例調査にあたってどこまで深く観察しうるかが鍵である」と主張される。いずれにしろ、本質は、中村のいうキャリアが単に企業の内部労働市場での昇格にかかわるだけでなく、将来において技術開発を中核に据え自ら起業するという場合に、どのような専門知識や経験に結びつき、有効となるのかという点である。中村の研究はこうした点を必ずしも想定してはいないが、重要な課題である。

ところで、中村が対象としたのは製造現場であって研究開発ではない。研究開発職に絞った調査結果はわたしの手元にはない。わたしの卒業した工学部研究室の同窓会名簿などを中心に企業規模別に調査してみた結果がある。それに拠れば、傾向として大企業であればあるほど、長期間にわたり研究開発職にとどまる技術者はそう多くない。四〇歳代ではむしろ技術営業職やその管理部門で働いている人も多い。他方、中小企業で働く人たちの研究開発職にとどまる割合は大企業よりはむしろ高い。

大企業では技術者が一定年齢まで研究開発職にとどまっても、その後の選抜過程で顕著な研究成果を残すなど、あるいは研究開発管理などでそれなりの専門性が認められなければ、他部門へと異動させられ、大学院卒など新たな技術知識をもった若い層が補充される。これに対し、中小企業の場合は研究開発人材をコンスタントに採用すること自体がむずかしく、それだけにある程度の年齢まで研究開発担当者として長くとどまる傾向にある。

そして、スピンオフ起業の現状について言えば、日米比較で三〇歳代の研究開発を含む技術職のスピンオフ割合のデータなどをみると、米国と比べて日本は圧倒的に低い。日本の、とりわけ大企業の開発技術者の場合、たとえ異なる職種に就いても雇用が保障され、また同一企業に長く働く方が企業年金面においても優遇されるため、リスクを伴う起業には慎重となる。

自然、起業を前提に大企業でさまざまな技術知識や経験を蓄積して、社外でも技術や市場開拓のネットワークを構築する意欲についてもどうしても低くなる。このことは中根千枝の「日本人の『場』志向」の指摘に呼応しており、「社内政治」には熱心であるが、ヨコのつながりを重視するネットワークの形成を困難にさせる。

バブル崩壊後、日本の大企業でも早期退職で人員削減をやり、五〇歳代で早期退職組の技術者たちがＳＯＨＯ（Small Office, Home Office）創業、つまり自宅開業した。そのうちの何例かを追ってみたことがある。早期退職金などの割増支給はかなりまとまった金額であるが、こうした資金を投じて本格的なハイテクスモールビジネスを目指すという人たちは少ない。彼らのほとんどは実質的には、コンサルティングや設計などの賃仕事というかたちでの自営業者の域を出ていない。

これは、若いころから計画的に起業案を練ってきたわけでなく、早期退職勧告によって思いもかけず起業することの困難性を物語ってもいる。それだけに日本の多くの技術分野でハイテクスモールビジネスが活発に生まれ活躍するには、さまざまな事業経験を積んだ人たちが起業時や拡張期に経営のパートナーとしてそのマネジメントの経験を提供できることが鍵を握る。

第三節　将来を考える

技術と社会

すでに紹介した『町工場―もうひとつの近代化―』は、いまから四半世紀もまえに書かれた本である。森清は日本の町工場の技術基盤の崩れを予測し、町工場のもつ「裏通りの技術体系」の堅持こそが重要であることをつぎのように強調した。

「現在、日本の工業社会が歩もうとしている道は、人間の労働を他国に転嫁して、日本を国際産業社会のテクノクラートに押し上げることだと思われる。この道は、日本の技術基盤を崩すだけで第三世界との間に摩擦をひき起こす原因となるであろう。……日本の中小工場も合理化と知識集約化を早く進めなければならない、という主張はますます大きくなるだろう。そして、労働集約型生産における〈人間の身についた技術〉は急激に軽視されるようになる。これは、急速に日本を追い上げている諸国でもまもなく悩まなければならない問題である。日本の中小工場が安易に労働を軽視して知識産業化しようとするのは、諸国に先がけて工場の解体を実演してみせるにすぎない。」

森は日本の町工場＝中小工場の技術系譜について、「（その）技術は、機械制大工業とは異なる手工業技術の系譜に属する。それは木と土に対応する技術である。……（上からの西欧技術の丸ごと移転という日本の近代化の中で—引用者注）、日本の中小工業では、職人的労働者が、西欧の工業技術を自分のものにするため、鍛冶屋から伝承した技術に学びながらさまざまな工夫をし、発見と創造を積み重ねてきた。……その中小工業が、機械制大工業の技術体系をそのまま受け入れようとしている。しかし、大量生産に象徴される技術体系が、現代社会にさまざまなゆがみを生んでいる……そうした時期に、中小工業が培ってきた裏通りの技術体系を見直すことは、大工場に見るような表通りの技術体系を問い直す有力な武器となろう。日本が近代化する過程の底流に、手工業に基礎をおく中小工場の技術体系が生き続け、いまなお命脈を保っていることは、もっと十分に検討されていい」と主張する。わたしも強くそう思ってきたし、いまもそう思う。

森がこの文章を記してから四年後のプラザ合意で円高が定着し、日本の大工場の海外生産が急速に拡大した。翼下に多くの下請型中小企業をもつ大企業の海外直接投資の拡大は、必然、従来の国内取引関係にも大きな影響を及ぼした。より効率的な部品調達体制の構築を求める大企業側の要請により、海外工場を単独にあるいは現地資本との合弁で設けた中小工場もみられた。

その目的は、中小企業からみれば国内取引の減少を補うための対抗措置であった。同時に、国内工場の再編縮小を迫られたところも多かった。また、海外生産がうまく行かず撤退を迫られ、大きな痛手をこうむった中小企業もあり、最悪の場合には倒産に至ったケースもあった。

そして、森の指摘からさらに四半世紀が経過した。日本の生産体制や、大企業と中小企業との下請取引関係も、アジア諸国の一層の工業化のなかで変化してきた。こうしたなかで、いま、アジア、そして中国などとのすみわけがますます重要となり、「中小工業が培ってきた裏通りの技術体系を見直すことは、大工場に見るような表通りの技術体系を問い直す有力な武器」になることに気づき始めたのは、中小工場ではなく、むしろ、日本国内の製造拠点でより付加価値の高い加工技術の確立に躍起となってきた大企業であったのは、皮肉なことである。

いま、顔の見える技術と製造こそが中小工場の競争力の源泉であることがよりはっきりしてきた。「顔の見える技術と製造が何たるか」を定義づければ、それは従来のような「上から下への」階層的な下請関係の中で言われたモノをただつくるというのではなく、「伝承した技術に学びながらさまざまな工夫をし、発見と創造を積み重ねてきた」モノであり、大企業と対等な立場で取引しうるモノである。そして、こうした顔の見える技術と製造を失わないためには、これらに対する尊敬（＝社会的価値観）とこれらに見合った報酬（＝経済的価値）が同時に達成されなければならない。

とりわけ、こうした技術に対する社会的な評価こそが、中小工場に自信をもたらし、さらなる発見と創造を通じてイノベーションを生み出す可能性を高める。

社会と成熟

カレル・ヴァン・ウォルフレンは『政治化された社会の偽りの現実』（邦訳『人間を幸福にしない日本というシステム』）で、一九五〇年代を日本の起業家魂に満ちた時代であったと特徴づける。ウォルフレンはいう。

「一九五〇年代の産業の姿を思い出してみよう。起業家魂に満ちたたくさんの若い日本人が今こそ会社をつくるチャンスだと見ていた。多数の技術者も、経営の才ある友人たちと組んで事業を始めた。多くの者が独立を守ろうとして一生懸命に頑張っていた。……大企業と零細企業とのあいだにはあまりにも多くの企業がひしめいていたので、通産省も、他の政府の経済関連省庁も、そのすべてを監視し、指導するには必死にならざるをえなかった。彼らは起業家たちを、あらゆる機会をとらえて業界団体の網の目に縛りつけ、押さえ込もうとした。……市民たちはこうした歴史を知ることが必要だ。さまざまな経済的・社会的統制の主要な形態は、そのほとんどが窮極的に政治化された社会を支えることになる非公式のシステム―つまり法によって規制されない制度―に属しており、そのために、政治議論の対象にされない。……法律は相対的に軽んじられる結果、非公式の取り決めをはびこらせ、……。」

　また、ウォルフレンは「それにしても、日本の政治エリートたちには、普通の人々のなかから信頼できる市民が誕生する可能性を、認めようとしない者が多すぎるように思う……サラリーマンの世界が、正常な中間階級の世界になる。……要するに—そうなれば、日本の人々はもう時代遅れの『経済大国』という国家デザインに追従されることもなくなるのだ」とも述べる。

　当時は日本の創業率が極めて高い時代であった。このことは商業やサービス業だけではなく、工業部門でもそうであった。工業統計から業種別に事業所数の増加率をみると、高度成長で需要拡大が顕著であった機械・金属系分野では、町工場が町工場を生む出生率が非常に高かった。

　こうしたなかで、旧通産省などは開業の活発さが生み出す日本の工業の過小過多が過当競争を促す—要するに、これ以上小零細企業は必要ではない—として、貿易・資本の自由化に備え企業の大規模化による産業の再編成を唱えた。

　貿易・資本自由化に備えた産業再編政策が、ウォルフレンのいう「あらゆる機会をとらえて業界団体の網の目に縛りつけ、押さえ込もうとした」ことである。その結果がいまである。そして、今度は、創業率の低下による技術革新の遅行が問題化され、「業界団体の網の目を縛りつけ、押さえ込もうとした」当事者たる政府が、起業家を必要として、いろいろな振興策を導入してきた。皮肉といえば皮肉なはなしである。

　ここで指摘された「サラリーマン=正常な中間階級」となっていない状況については、ウォルフレンは別著『日本の権力構造の謎』で日本のサラリーマンが従順な中間階級の代表だと論じている。そして、会社組織に閉じ込められ服従を強いられたサラリーマンにも階層性があり、中小企業のサラリーマンたちは下請取引という関係のなかで大企業のサラリーマンたちへの服従を強いられていると批判する。つまり、「会社の格付け＝サラリーマンの格付」という構造である。

では、起業家はこうしたことから自由な中間階級かというと、ウォルフレンはこれにも批判的な見解を示す。彼は「小規模の企業家」にも「従順」で「従属的」な下請中小企業のイメージを重ね合わせ、つぎのようにいう。

「自分の名前を冠した会社の社長になれるということにおいては、たしかに小規模の企業家には自由があるといえる。しかし、中小製造会社の約三分の二が、労働条件まで指示する大企業のどれかに財務を依存していることからいえば、自由など存在しないことになる。」

もちろん、起業で自由を手にすることは可能である。だが、大企業との関係でしか存立できない下請的起業では自由の獲得は困難とされる。それでは、何を核にして起業するのか。自由を手にすることのできる起業とは何かということになる。そこには、少なくともサラリーマンにはない何かが必要であろう。

ウォルフレンは日本という社会に大きな苛立ちを感じている。この根源には、彼が理想とする国―少なくとも米国あたりではなく、オランダあたりを中心とした欧州諸国なのであろうが―との比較において、独立した精神をもった「個人」という意味での「個人」が日本社会では成立しておらず、ひたすら組織や集団に従順で服従的な個人だけが存在する、個人の顔が見えてこない日本経済の巨大な存在感への不信がある、とわたしには思える。

ウォルフレンに映る日本社会とは何なのか。彼の目からすれば、そこで多数を占める日本のサラリーマンたちとは「勝ち組・負け組」という白黒関係で「……より優れている」という小市民的で移ろいやすい優越感だけに浸って、サラリーマン相互の連帯性を政治的に求めない不気味な存在なのだろうか。

もちろん、どこの国にも外部者（アウトサイダー）からわかりづらいが、内部者（インサイダー）だけがわかる序列性や階層性が存在する。経済力の優劣格差があるのは日本もオランダも同じである。しかし、こうした経済的諸関係を「タテ」の関係とすれば、これを緩和する「ヨコ」の関係が存在し、その強弱こそが社会のあり方を歴史的に規定してきた。

社会というのはあたかもこのような「タテ」糸と「ヨコ」糸で織られた布のようなものである。たとえば、タテ糸という経済力格差に対しては、この平準化を求める政治、法律、組合、地域、家族、社会的規範などのヨコ糸こそが、このタテ糸の持つ序列性や階層性の強度を弱めてきた。

しかしながら、日本の場合、本来タテ関係を弱めるはずのヨコ関係である家族、地域という絆が弱体化してきた。また、労働組合も、日本の場合には企業内組合が主流であって、当初からヨコの関係は希薄であり、さほど大きな役割を果たしてきたとはいえない。さらに、所得再分配などを求めた政治や法律もまた弱体化してきた。

成熟社会とは組織の論理だけを優先させ、あるいは経済力だけを重視するタテ関係と、個人の健全な存在を確保しようというヨコ関係がバランスよく織り込まれた布のようなものだろう。そうであるならば、多数を占める日本のサラリーマンたちが「勝ち組・負け組」という関係において「……より優れている」という小市民的自己満足に浸り、バランスある成熟社会を求めないとすれば、それこそウォルフレンのいうように「謎に満ちた日本社会」ということになる。

では、個人、市場競争、起業、企業などのバランスがとれた成熟した社会とはどうあるべきなのか。在東京スウェーデン大使館に勤務した小澤徳太郎は『スウェーデンに学ぶ「持続可能な社会」』で日本社会、米国社会そしてスウェーデン社会の興味ある比較を行っている。

「スウェーデンは米国と同じように、日本と比べると個人の自立性が高く、自己選択、自己決定、自己責任の意識が強い国です。二〇世紀のスウェーデンは、国や自治体のような共同体の公的な力や、労働組合のような組織の力を通して、個人では解決できないさまざまな社会問題を解決してきたのに対し、米国は、個人の力による解決に重きを置いてきました。米国は、個人の力に根ざした競争社会であるのに対して、スウェーデンは自立した個人による協力社会をめざしています。」

つまり、米国＝「個人基盤社会」であるとすると、スウェーデン＝「個人と協力を基盤とする社会」というのが小澤の視点である。では、競争はスウェーデン社会でどのような文脈で成立するのか。小澤はいう。

「『競争』は、これまでスウェーデンではあまり好ましいこととは考えられませんでした。日本で、好ましいかどうかは別にして、『競争』という要因が社会を動かす大きな力になってきたのとは対照的です。産業界では、『競争』と『効率化』が経済成長の要因と考えられます。……日本の経済紙・誌が好んで使う『生き残り』という言葉がありますが、生き残る者がいるということは同時に、敗者（犠牲者）を出すことを意味しています。」

日本は米国社会と同様に競争社会である。だが、米国社会のように市場での競争性が「遊戯性」に転化しきった社会ではない。日本は米国型社会になりきれないし、またなる必要もない。

他方で、日本は「和をもって尊し」とする協調社会といわれるが、そこに真の意味で協力関係が成立しているのかどうかはまた別問題である。わたしたちはバランスある社会を目ざす必要がある。

第三章　スモールビジネスと研究開発

第一節　研究と開発

工場と工房

科学史家の中山茂は『科学技術の国際競争力―アメリカと日本、相克の半世紀―』で戦後日本の技術と研究開発のあり方に批判的な見解を示す。

「戦後の日本の技術は、外国のハイテクを自国の生産ラインに乗せて、製品の質を向上させた。そのやり方には研究開発はいらない。……日本企業では、基礎研究をアメリカに頼り、特許などの形で買い取って、その後は生産ラインに乗せる。その能力は戦後の日本企業の科学技術者には十分備わっていた。……アジアの国ぐには、日本と違って、戦前はまだ自国で高度な科学技術者を育てるところまで行っていなかった。そこで留学生が大量にアメリカに渡る。……自国に帰っても自分の能力を生かしていく働き場がないから、まず大学教師として自国民を教える。……実際にアジア諸国の生産ラインで必要であったのは日本の生産技術であって、それをアジア諸国は受け入れて、自国の安い人件費を使って生産するノウハウを日本から取り入れた。……中級の人材でも日本企業で研修を受け入れれば、誰でも可能になる。」

中山の指摘は、アジア各国で工場の品質管理や生産技術の指導に当たった日本人技術者の実感をよく取り入れている。彼らの指導の結果、アジア各国の工場の生産ラインでの技術移転は留学よりもむしろ研修を通じてすすみ、日本は研究開発により重点を置かざるを得なくなった。他方、アジアへの研究開発面での技術移転は、日本をバイパスとして米国などへの留学組を通じて移転が進んだ。

欧米や日本はこうしたアジアへの技術移転に対し特許重視の姿勢を打ち出し、この移転期間を調節することで研究開発への投資効果を高めようとした。もっとも、「投資」対「効果」という面からすれば、基礎研究は不確実性が高いだけに民間企業にとって負担である。それだけに大学などの研究機関での成果に期待するところが大きくなった。同時に、基礎研究の事業化への担い手として大学発ベンチャーにも期待がかけられた。

こうしたなかで、中山は、日本を含めた先発国がバイオテクノロジーやナノテクノロジーなどいわゆる先端技術面で主導権を握る可能性について、「静脈産業」を意識すべきだと主張する。中山のいう「静脈産業」とは生産のための「動脈産業」に対してそのリサイクルを意識した産業のことを指す。

「戦後の日本・東アジア生産様式を通じて中国にまで技術移転が及んだように、遅かれ早かれ、先進国の科学技術は後発国によってキャッチアップされる。そのキャッチアップのインフラはすでにできている。アメリカはそれでも動脈産業の先取権利得にこだわるだろう。……先取権利得を確保する期間も、グロバリーゼーションの結果、今後ますます短縮されるだろう。……それならば、先進国はその歴史的特質を生かして、静脈産業技術を進めるほうが、競争力優位をより長く保てるであろう。すくなくとも、動脈産業技術を後発国がキャッチアップしているあいだは、静脈産業の方は容易にキャッチアップされる恐れはない。……動脈産業技術では米>日>欧であるのに、環境技術では欧>日>米の順の国際競争力になっている。」

いずれにせよ、日本企業も好むと好まざるを問わず、企業活動の方向性を他社と差別化しつつ、市場に受け入れられる製品づくりを迫られている。日本は、アジアへ直接投資することにより海外へのモノづくりの技術移転を進行させ、伸張著しい中国を中心にアジア太平洋圏内での地域内分業体制も形成されてきた。中国には欧州諸国からも直接投資が活発化し、中国で東と西が統合し、アジアが世界工場の強力な一角を形成してきた。

必然、日本国内では、従来の「工場」生産で培われたモノづくり技術を温存しながらも、よりリスクを伴う研究開発に力を入れていかざるを得なくなった。しかし、従来の設備投資や既存の技術を組み合わせた応用開発は投資額に見合った成果がある程度予想できるのに対し、未開拓分野での研究開発への投資額は一定期間に具体的成果を生み出すとは限らない。また、研究開発成果を市場性のある最終製品に仕上げるにはさらに時間と費用を要する。つまり、研究開発はリスクが高い。

研究開発の「場」は工場よりも、むしろ工房という場での取り組みに近いといえる。達成すべき量的（数値）目標が明確であり、目標達成の手順や方法もまた明確に定められ、目標を組織的に実行するのが工場であるならば、工房の場合、目標はあくまでも質的であり、そこへの到達方法もまた不確定である。また、工場のような組織的取り組みは特定段階になれば必要となっても、基礎的技術の確立段階までは個人の発想に大きく依存する。

実際、研究開発は大企業といえどもより小さな組織単位で行っている。外部的には大組織の研究体制と映るかもしれないが、大企業ではさまざまな研究開発テーマを同時並行的に追いかけている。たとえば、わたしの知る創薬候補のタンパク質合成を行っているベンチャー企業では、二〇〜三〇人ほどが特定分野に絞り一点突破型で開発に取り組んで成功している。大学助教授からスピンオフして研究仲間と現在の企業を立ち上げた技術開発担当役員は、つぎのようにこの点についてふれる。

「わたしの場合は、大学の医学部で薬学講座の助教授から大手製薬企業の研究員となり、さらにそこでの共同研究者たちといまの会社を立ち上げました。結果的には、大組織と小組織の研究体制の二つを経験しました。わたしどもの従業員数は三四人ほどですが、このうち研究開発に従事するものはアシスタントもいれて二六人ほどです。しかし、将来の創薬候補として薬効をもつあるタンパク質に着目して、これだけの人数を大組織が投入しているかというと、わたしが知る限り国内ではないと思います。大企業の研究所などは何百人の研究員を抱えていて、大組織で研究開発を進めているようにみえますが、それはさまざま分野を同時並行的にやっているからです。わたしがいた大手製薬会社でも、分野によって数人だけが取り組んでいるだけでした。研究開発は分野によっては労働集約的に多人数でやることもあるでしょうが、どちらかというと組織の規模に関係なく、それは工場ではなく工房といったほうが実態に近いんじゃないでしょうか。」

必然、研究開発のマネジメントは工場と工房では同じではないし、むしろ異なるところが多い。工房では、研究員とか研究スタッフという表現よりは、いまでは伝統製品の分野などでしか使われなくなった感がある「職人」といったほうが、研究開発に携わる人たちの意識と役割を適格に表現している。正確には、ＲＤ（研究開発・Research and Development）職人ということになる。

職人とＲＤ

日本的マネジメントは、通説的には組織の中での集団主義的な側面を重視するやり方とされてきた。そこでは、個人の集合体としての組織のあり方が優先され、組織のなかの構成要素としての個人の存在はまことにはかないものとしてとらえられた。そして、このやり方がモノづくりにおいて、一定の成果を収める上で大きな役割を果たしてきたと解釈される。他方、研究開発では、むしろ個人の役割が強調されるために、日本的マネジメントの有効性を疑問視する見方もある。

前項で研究開発者を「RD職人」と述べた。職人ということばは江戸封建期の前近代的な臭いが残るのか、研究開発のあり方を論ずる際にはあまり使われない。おそらく、このことばには頑固な気質で、近代的生産体制には合致しない語感が刷り込まれているのだろう。だが、職人ということばには個人の確立を強く求める感性が継承されている。この意味では「研究開発職人」という意識は今の時代にあっても重要ではないだろうか。

吉田光邦は『日本の職人』で、全国各地の職人の仕事場を訪ね、一見、単に伝統的技術をなんとなく継承してきただけにみえる職人技―技能と技術―が決して停滞的で同じことを繰り返してきたのではなく、不断のイノベーションの積み重ねの上に成立してきたことを見事に描き出している。

吉田は「職人はもうその歴史的な使命を終わったものである。こんな言葉を何かで読んだことがある。私はどきりとした。しかし日本の職人は生き、活動しているではないか。彼らはもう何の使命ももたぬ形骸的な存在なのだろうか。……日本の職人について考えはじめたのは七、八年前からのことである。それから京都をはじめとして機会さえあれば、日本の各地の職人たちを尋ね歩い」たと述べて、日本の職人についてつぎのように書き記した。

「とはいえ、やはり職人は貧しく寂しい。多くの日本の伝統が亡び破壊されてゆくたびに、それにつながる多くの職人がその仕事を失ってゆく。……消費生活の原理が変るにつれて、そうした変化に応じきれない職人の仕事はその場を失ってゆく。都会でも農村でも日本の職人たちの眼ざしは今日も暗いのである。」

吉田がこのような文章で日本の職人を描いてからすでに半世紀が過ぎた。その後の日本人の生活の変貌はさらに激しく、吉田が取り上げた職人技の中にはすでに衰退した事例も多い。しかし、吉田が、「それら（工具―引用者注）の形ひとつにも職人たちの独自の考案と工夫の跡がある。……それらを……自由自在に取り扱って……人間的なエネルギーがじっくりと注ぎ込まれる。非情な感覚はどこにもない。すべてに充ちているほのかな温かさである。こうした生産活動を続ける人たち、それが職人である」と述べた、職人に対するこの視点はいまも生きる。

研究開発という工房での人びともまたこのようであるとき、それは独自の考察と工夫を尊重するような精神に満ちるものとなる。この精神はより独創的で独自の研究開発の可能性を高める。職人とは単なる技術や技能の継承のための人材ではない。むしろ技術と技能とを不可分に結びつけてきた人たちに内在しつづけてきた精神性のことでもある。

必然、職人と一体化した技能とは近代的技術にやがて代替され時代遅れとなるものでもなければ、近代技術をただ補完するものでもない。竹内常善は『近代日本における企業家の諸系譜』で、職人的技能の継承がなおざりにされてきた日本の現状に警鐘をならす。

「日本のクラフツマンシップはほとんどの場合、社会制度として十分に整えられることなく存続し続けた。……マイスター制度とか職能資格といった制度的保証装置ぬきに、その精神性的雰囲気だけが、ともかくわが国では強烈に引き継がれて増幅されていった。そのことは西欧近代史の常識を多分に逸脱している。日本では価値観としてのクラフツマンシップだけが多様に強調され、また受容されてきた側面が強い。……クラフツマンシップの効率主義や機能主義の側面だけが異常肥大して、個別の組織内における『……魂』として慣習的かつ頑固に継承されてきたこととも かかわっている。」

竹内は技術開発に必要な独創性を発展させるには、こうした日本的文脈をもつ職人技能をどのようなかたちで継承するべきかの視点が重要であることを指摘した上で、いくつかの有益な論点を提示する。わたしなりに整理しておこう。

㈠ 技能の発展・継承の先にある技術開発構想の構築可能性―「新設備や新製品の開発は、基本的には高度の学問的成果と超級の熟練工による手作業の共同作業で作り出されていくしかない。……中枢神経のない末梢神経は構造としては機能しえない」。

㈡ 熟練技術の衰退と長期的技術開発力の低下―「特定の技術先進国が、後発諸国に凌駕されてきたこれまでの世界史的経験を再考する場合に、問題を惹起したのは、先進国の製造業離れだけだったのではなく、熟練の安易な解体と無視が、長期的技術開発の潜在能力を急速に低下させていったのではないか」。

㈢ 熟練と中間技術・周辺技術―伝統的技能からの「技術的適応の過程で、日本独自の技術開発の特性が芽生えたとする見解も出されてきた。経済の長期的成長過程の中で消えていく中間的な技術も多く、たとえ継承されても周辺技術の範囲にとどまり、せいぜいがそれに付随した人間関係を伝えたにすぎない状況は、そこここに見かけられる」。

この三つの視点は、大企業と中小企業における技術継承と発展方向の相違をある意味で示唆している。大企業で先進技術や近代的素材への取り組みが可能であったのは、大企業と下請取引関係をもった中小企業の職人的（＝伝承的）技能を基盤とした工夫によって支えられていたからだ。

他方、中小企業では資本不足による、機械化や合理化の後れが、むしろ従来型技能を最大限に利用せざるを得ない状況をつくりだした。それゆえ、伝統的技能が近代的技能・技術にうまく接合できたともいえる。この逆説（パラドックス）的な点は、いまも中小企業での技術開発のあるべき方向性を示唆している。

私の知っている東大阪の技術開発に熱心な経営者たち―創業から数代目となっていることも多い―の技術開発観のなかには、職人的勘が見事に継承されている。とはいえ、職人的技能の上に大量生産体制にも対応してきた年齢層の人たちが大量に退職する時代となってきた。

中小工場では大企業よりも実質上、退職年齢は高いが、それでも日本の製造現場は大きな変化を迎えている。自動車部品の下請製造をおこなってきた中小企業の二代目経営者は、この点についてつぎのように述べる。

「わたしが、先代の創業した工場を引き継いだ時期に、親父と一緒に苦労してきた工員さんたちも六〇歳を超えて、退職するようになってきました。いまでは、従業員も一五〇人を超えて、工業高校卒を中心に若い人たちも採用し、また、バブル後に大企業が採用を控えたために、わたしどもの工場規模でも大卒技術者を採用できました。職人気質の強い年配の工員さんたちは頑固一徹で困ることも多いのですが、何か技術的な問題が起こったときに手で覚えた技能が根底にあるために、いわば手と頭とバランスのとれた解決策を提示してくれます。これがいまのわたしどもの高精度加工を支えてきてくれたのです。」

さらに、彼は続ける。

「ところが、若い世代はすぐに機械やコンピュータ上の計算だけに頼ろうします。そこで行き詰まれば、お手上げです。そこで、わたしは工場内に『学校』を作って、退職が近い工員さんに教師を務めてもらい、いまはコンピュータ化された機械でつくっている製品をわざわざ昔の古い機械で加工させ、また、その機械を分解させ組み立てさせ、技術が決してブラックボックス化されたものではなく、そこに基本原理があることを手で覚えさせるようにしています。この効果が加工技術の開発で出始めるのはまだ先でしょうが、この取り組みがわが社の研究開発力を支える時期がくると信じています。」

わたしは、その後、この知人の工場を二回ばかり見に行ってみた。老練な職人気質の人たちと若い技術者たちが新しい素材の加工に取り組んでいる姿をみると、口だけではなく一緒に作業をすることを通じて、製造現場の作業者に内在化してきた技能や技術が次の世代に継承化されるものであることが実感できるようになった。

皮肉なものだが、技能というのは失われてから、その価値の見直しが始まる。そして、竹内がいうように「日本のクラフツマンシップはほとんどの場合、社会制度として十分に整えられることなく存続し続けた。……マイスター制度とか職能資格といった制度的保証装置ぬきに、その精神性的雰囲気だけが、ともかくわが国では強烈に引き継がれて増幅され」てきたとすれば、日本のクラフトマンシップの行く末は決して楽観視できない。

第二節　個人と組織

社会と構造

日本が高度成長を終えた頃から、研究開発と同時に、「日本人と独創性」というテーマが財界のセミナーなどでも取り上げられるようになった。

高度成長の側面の一つは、結論からいえば、戦中に遅れた日本の設備投資をより「近代的」な機械設備に置き換えることで達成された。それは、戦中から戦後にかけての技術革新を取り込んだ機械機器、設備、プラントなどを外国から購入することで可能であった。この費用対効果は確実であり、目に見えるものでもあった。

こうした目に見える効果の達成は、最新鋭の機械を現場で生かす日本人の技術的管理能力―保守・点検の能力に加え、改善などの能力においても―がすでに一定のレベルに達していたからこそ可能であった。他方、研究開発での費用対効果は不確実であり、すぐには目に見えない。ここでは、日本人の独創性という能力が問われた。不確実性を軽減させる能力を日本人が有するのかどうか、これが産業界のセミナーテーマとなったのは当然でもあった。

わたし自身、一九八〇年代半ばに日本の大手化学会社の元会長による講演会に出席したことがあった。彼は戦中に旧帝大工学部を卒業し、戦後、先に述べた日本の高度成長期に大量生産設備の導入を進めた年代層である。海外経験も豊富であり、この年代層には珍しく、群を抜いた語学力の持ち主であった。

「日本人に独創性があるのか」。彼の問題設定は、産業人らしく明瞭であった。ただし、彼の結論は白黒はっきりしたものではなく、灰色であった。「独創的でもないし、また、そうであることもある」。つまり、個別の技術を取り上げ判断すれば、具体的なかたちで示せるが、日本人全体に対する総体的評価は困難であるとした。そこには彼の技術者としての勘が働いていたのだろう。

彼が問題視したのは個別技術の事例ではなく、技術の背後にある独創性やその前提である日本社会のあり方であった。独創性とは個人だけの問題ではない。個人の集合体である社会のあり方を問わずして、個人の個別独創性だけを議論の俎上に乗せることはできない。

そして、この視点において彼は悲観的であった。つまり、個人が潜在的に持つ独創性を促す社会においてこそ技術革新は起きるのであり、この点、「日本は劣る」というのが彼の結論であった。果たしてそうであるのか。

「独創性」の内実がそれなりの国民性をもち、国民性はその社会を構成する原理と密接な関係をもつとするならば、独創性とは人間社会一般に共通する普遍的な面をもつと同時に、個別の社会構成原理に基づく地域性をもつ。後者はしばしば日本人論や日本社会論の中で展開され、日本的思考や日本的構造として論じられてきた。

この種の議論を振り返れば、端緒といえるのは明治維新後の近代化が一段落した明治後半から「日本とは何か」を問い始めた、セルフ・アイデンティティ学としての民俗学の成立からであった。たとえば、柳田国男（一八七五〜一九六二）は、近代化の担い手として一高・東京帝大を卒業後、農商務官僚として農村近代化に取り組んだ。

その過程で、彼の抱いた「何故に農民は貧なり也」の問いが、「日本農民とは何か、そして日本とは何か」という問いに転化していった。柳田は明治四三［一九一〇］年に有志と「郷土会」を結成し、日本各地に伝承されてきた民俗資料を収集し、失われるものを通じて日本社会とは何かを問い続けた。

高取正男は『日本的思考の原型―民俗学の視角―』で、柳田等の民俗学者の取り組みを通じて、「日本＝東洋、欧米＝西洋」という二元論的社会論の先にある「日本＝個人の未成立社会、西洋＝個人の成立社会」という単純な構図の独り歩きに危惧を抱く。高取はいう。

「明治以降、二〇年代（一八九〇年前後）に進行した産業革命は、地縁や職能による旧来の共同体の最終的な解体を進めた。……・庶民のあいだに存在した横の連携が、これを境に急速に消滅しはじめたのは当然として、その度のあまりに急激であったために生じた空白部に、すべてを血縁になぞらえ、父方の出自を重視する武家社会に特徴的に発達した、いわゆる『タテ社会』の論理が不当に拡大され、充填されることになった。私たちの先輩が目の前にした強力な家父長的な家族秩序と、それを根幹にしたさまざまな社会組織は、多くは明治国家が近代化の過程でつくりだした巧妙な擬似共同体であった。」

「家父長的な秩序観」に基づく社会組織などが「大昔からあるよう思うのは、大きな錯覚といわねばならない」。「なににつけても日本には近代的な個人意識の育つ条件がとぼしいと思い込み、そうした宿命感から西洋に開花した近代社会とその文化にあこがれるあまり、西洋にあるものすべてを価値の基準に」することへの、高取の「抗議」がここにある。そして、近代市民社会の根幹にある「個人」の「自覚」や「意識」の日本的あり方について、高取はつぎのように述べる。

「明治以来、西洋近代に開花した文物すべてを手本にみなし、法律制度をはじめ、社会文化すべての分野にわたって、そのたてまえを移植する努力がつづけられてきた。だが、それを植える土壌まで輸入することはできない。そのためには接ぎ木の台木をさがすようにして、私たち日本人の個人意識の根底になるようなもの、近代的個人主義の土台となるエゴの本性を、ひろく伝統的な民俗のなかにたずねる必要がある。」

残念ながら、高取自身は「私たちのエゴの本性が、各種の禁忌によって自らを主張するいっぽう、それと同質の契機によって所属する共同体に自己を同一化してきた前論理の構造が、けっして過去のものではないこと」を主張するのみである。

これでは一般的論すぎる。日本人の伝統的な民族的エゴとは何か、日本人にとっての「独創性の本質とは何か」を、個人と組織、あるいはより広い意味での社会との関連で探ろうとすれば、高取の指摘はあまりにも抽象的すぎることがわかる。

この点に関しては、作家の伊藤整が日本文学論の特徴を日本人の発想から探った論稿「近代日本人の発想の諸形式」のほうが、一見、研究開発の独創性を考える上で無関係な感じを与えるが、多くの示唆を与えてくれている。伊藤は明治以降の日本近代文学の特徴を紹介した上で、日本の伝統的発想をつぎのように分析する。

「日本の伝統的発想においては、人間関係は対等即ち横の等質の組み合わせで考えられず、タテの支配と従属の関係としてしか存在しなかった……日本では横の人間的関係が厳しく考えられる時は、人間相互を結びつけるようにならず、遊離、遁走という離反関係を呼び起しがちなのである。……そして各職業はタテに階層的に区分され、横の社会人市民としての連絡がなかった。このような社会での自己確立は、外形のみであって、それは自己を失うことと同じことになって行くのである。」

伊藤はさらに「近代日本における『愛』の虚偽」という論稿で、日本の社会構造と日本語との関係をきびしく問う。

「日本語は、ある存在と別な存在との関係を説明するのには大変不便な構造を持っている。……ヨーロッパ語の論理的な叙述を日本語に移すとき、それが如何に混乱を呼び、分かりにくいものになるかは、何人も知っていることである。そして日本語は、第一人称の代名詞において驚くほど豊かなのだ。私、俺、手前、アッチ、オレ、わたくし、余、自分、オラ、あたい、僕等々それは十数種を超える。これらは、それを使うとき直ちに、その人間の他者との関係を決定する。……それは主として上下の関係を他者との間に明確に示す。」

伊藤は日本語の言語構造について、「僕という卑下の言葉が対等の関係を示す、などということすら奇妙である。つまり卑下の形においてしか平等はあり得ないのだ。……ヨーロッパ語において敬意をもって他者との結びつきを示すときは、このような代名詞による決定でなく、その関係の単純ならざることを複雑な説明として述べるが、これは日本語の場合に較べて目立つ」と指摘する。伊藤の結論はつぎのようなものだ。

「上下の秩序づけは明確であるが、他者との論理的関係の説明には役に立たないという日本語の構造は、そのまま思考形式を示していると言っていい。我々はこの百年間に、歴史上にほとんど類を見ないほど変化し西欧化した民族であると言われている。しかし我々はなおこのような構造の言葉でものを考え、ものを表現しているのだ。決して我々は本質的に西欧化したとは言われない。」

このようにしてみると、「ヨコの関係」を非常に重視する「産学連携」による研究開発やイノベーション促進は日本では困難であり、むしろ、「タテの関係」を強く示唆する下請取引的な「階層的関係」こそが自然なようにも思える。先にみた中根千枝のネットワーク論は、「資格」を核にした「ヨコの関係」であって、日本という「場」を核にした「タテの関係」が強い社会ではそもそも成立しないことになる。

また、研究開発の独創性がより自由な個人の成立と「ヨコの関係」によって成立するものであるとすれば、そもそも日本社会において独創性は生まれるものだろうか。この種の課題はいまも残る。果たして、日本的構造のなかでの独創的発想とは一体何なのか。

西洋近代社会は、その従来のエトスであったキリスト教的教養との相克と調和という価値観がその根底にある。したがって、西洋近代の産業革命の中で形成された技術観＝独創性という基準でみれば、日本近代の産業革命の中で形成された技術観は必然、西洋近代でのそれとは同一ではありえない。より正確に言えば、日本人の発想のなかに西洋と「近似の部分」と「異質の部分」が混在して当然であろう。前者が「ヨコの関係」から生み出されたものであれば、「タテの関係」から生み出された後者は何であるのか。あるいは、現在の日本では、本当に「ヨコの関係」は生まれないのであろうか。

構造と発想

日本人の独創力について、「明治以来」という時間枠から議論を展開させてきた。これには賛否両論があるだろう。明治維新から数えて一四〇年目、第二次世界大戦後からでもすでに六〇年以上が経過したいま、むかしの日本社会の構造が現在まで継承され大きな作用を及ぼしているはずはないという見方もある。

伊藤整の指摘する、江戸封建期の身分的序列を強く反映した第一人称表現の多彩さは、封建制度そのものが変化した以上、江戸期の思考それ自体を現してはいない。この論稿が発表されてからも、すでに半世紀がすぎている。

反面、いやそうではない、変わらないからこそ「構造」なのである、表面的には変化しても、底流にある日本社会の構成原理はそんなに変わっていないという見方も一方で強くある。

鶴見和子もまたこうした構造的視点を重視する。確かに日本の近代化は早かった。だが、早かったことそれ自体が表面的な近代化を意味するのであって、その深いところにあっては伝統的な社会構造と心性がいまだに強く作用している、と鶴見はみる。そして、『好奇心と日本人―多重構造社会の理論―』でこの点についてつぎのように述べる。

「一つの社会の中の人間の、比較的長期にわたるパーソナリティー構造を考える時に、理性的認識の側面よりも、情動（＝動機づけの体系）こそ、より変わりにくい、……社会構造の国際比較をするためには、その社会の人間の情動のパターンを研究する必要がある。」

中根千枝が社会での「タテ関係」という「場」の論理を強調したのに対し、鶴見は「人間の情動パターン」を「緊張処理」であると解釈してつぎの四つの類型を導き出して、日本社会のあり方を特徴づける。

(一) 独占型―「集団Aと集団Bとの利害が対立した場合、利害の不一致をまず認めた上で、AまたはBが、他者を圧倒して単独の支配を確立することによって、つまり対立者を排除もしくは従属させることによって、緊張を処理するやり方である。そして、その権力を把握した集団のイデオロギーが、他を圧倒して、独占的に支配する。どちらかを捨てて、他を受け入れる。決定はつねに、二者択一なのである」。

(二) 競争型―「矛盾律の受容という点では、独占型とおなじ前提に立つのだが、緊張処理の仕方は、むしろそれとは逆の方向に向かう。集団にしろ、イデオロギーにしろ、対立者または対立物を排除することによってではなく、対立をむしろ強調し、激化し、正当化することによって、緊張を処理するやり方である。独占型が単独支配の原理であるの対し、……対立者、および対立物のあいだの競合を奨励する」。

(三)統合型―「敵対しあう集団、対立しあうイデオロギー、異なる人間関係の構造、異質の土着文化と外来文化とのあいだの対立を激化させ、……対立しあう原則または価値の双方を作りかえて、新しい人間関係の構造や、価値やイデオロギーを再構成してゆく過程……すでにできあがった集団の組織原理や、価値や、イデオロギーのあいだに対立がある場合には、対立しあう人間集団や原則や価値や行動様式を解体し、その中のある部分や要素を否定し、取捨選択し、再構成し、まったく新しい人間集団や原則や価値や行動様式を創り出すことによって、緊張を処理するやり方である」。

(四)多重構造型―「利害関係の対立する集団に対しても、対立しあう原則、価値、イデオロギーに対しても、対立そのものを認めない……」。

鶴見は四類型のうち、新しい集団、価値や思想など「創造性」を生み出すのは三つめの統合型だけであり、この過程は長期間を要すると指摘する。そして、日本社会については多重構造型が妥当し、その特徴をつぎの四原則に集約させる。

①切り離しの原則―「集団と集団、個人と個人、イデオロギーとイデオロギーをそれぞれ別個の

ものとして切り離して取り扱い、直接の接触を最小限にすることによって、正面切った対決を回避する」。

② 形式論理における矛盾律の無視―「矛盾を気にしない態度と、矛盾を自覚しながら矛盾したタテの両面の異なる機能を使いわける態度との、双方が含まれる」。

③ 人間関係における閉鎖性と外来事物への開放性の混在―「パターンとしての特徴よりも、日本の社会に、具体的、歴史的にそれがあらわれた特徴といった方が正しい」。

④ 原始・古代的な人間関係、情動、考え方、行動などの継承―こうした関係や行動が「ただ保存されているだけではなく、生きて働いている」。

むろん、江戸期に士農工商の身分制度を通じて形成された構造が、そのまま現在まで継承されているとは思えない。だが、①の原則は、大企業と中小企業との間の「系列・下請取引」や「本工と臨時工」との関係に擬制化されてきた。鶴見がいうように、統合型こそが対立から独創性を生み出すのに適した社会類型であるなら、この多重構造型は異なる考えをもつ集団や個人を切り離し、対立の緊張を回避させることによって、そもそも矛盾律そのものを発生させない。その分、閉鎖的集団内では閉塞性は強まるが、外来事物への開放性がいわば「ガス抜き」となる。そして、集団内が閉鎖的であればあるほど、そこでの人間関係、情動や行動基準などが保存・継承されることになる。

さらに、鶴見は、多重構造型が日本人＝「好奇心の強い国民」性を生み出したと主張する。鶴見の見方を第1図にマトリックスとして整理してみる。たとえば、横軸に「自分の集団外に発生した事物=他生的な事物への関心」と、「自分の属する集団内に発生した事物=自生的な事物への関心」をとる。縦軸に「出来上がった事物への関心」と自ら「創り出すことへの関心」をとる。

第1図　好奇心の分類

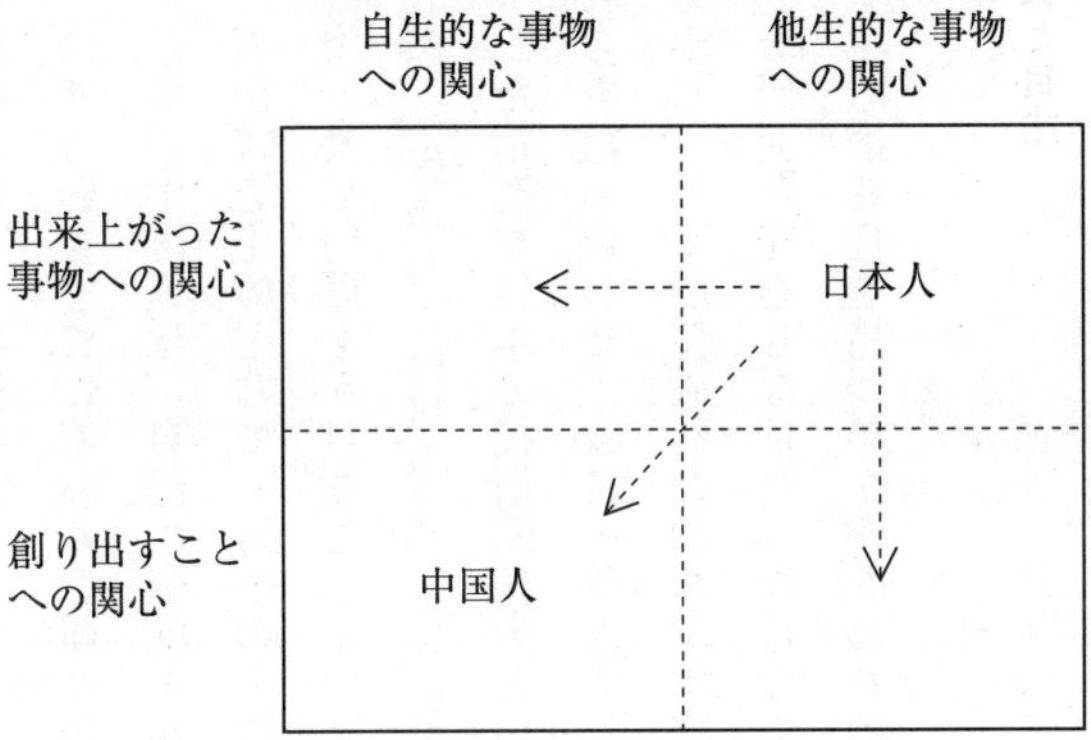

備考：鶴見和子『好奇心と日本人―多重構造社会の理論―』（講談社）より作成。

第1図において、鶴見自身は、日本人を右上の第一象限に位置づける。つまり、日本人の位置は、「自分の集団外に発生した事物=他生的な事物への関心」と「出来上がった事物への関心」の交差領域となる。なお、好奇心の尺度としては自国語における外来語などの割合などを取る。

また、鶴見は中国人との比較において日本人の特徴を述べようとする。

「日本人は、外来の、すでにできあがった事物やことばに好奇心が強く、中国人は、外来のものよりも、自生のものへの関心が強く、できあがった事物よりも、創り出すことへの探究心が強い。

日本人は……それらをたんすのひき出しにしまっておいて、時に応じて、さまざまに縫い合わせ、つぎ合わせをこころみる。種々雑多なものが雑然としてあることが大好きなのである。これに反して、中国人は、自己の伝統とかかわらせるのでなければ、外来の事物に関心を持たない。自己の伝統を主体として、外来の事物、思想、ことばと対決させ、葛藤させ、新しい統合にいたるまで、長い時間をかけることをいとわない。」

必然、「好奇心」は日本で、外来事物への「のぞき文化」を生んだというのが鶴見の結論でもある。こうした指摘を日本の技術開発史という文脈で理解すれば、外来的な技術をとりあえずは受け入れ、それらを組み合わせ、改良・改善することを得意とする傾向を鶴見のモデルはうまく説明している。

しかし、外来的技術への興味が特許の利用などで満たされている場合はともかく、自生的に自ら独創的な研究開発をしなければならなくなったときに、多重構造型がどのようなかたちの独創的技術などを生む潜在性を持つのかが問われることになる。

組織と自由

わたしたちは、独創的な研究開発とは組織に縛られず、より自由な個人の発想によって引き出されることをどこかで想定している。

個人の発明家が活躍した一八世紀的な世界はともかく、組織的取組みが技術開発などで大きな役割を果たす現在において、個人の自由な発想を許容し促すような組織は前述の「独占型」、「競争型」、「統合型」、「多重社会型」のいずれにおいて可能なのだろうか。

米国の文化人類学者サミュエル・コールマンは『内部からみた日本の科学』（邦訳『検証・なぜ日本の科学者は報われないのか』）で、日本の研究組織は個人の潜在性を引き出すには多くの問題を抱えすぎていることを、「官」と「学」の組織のあり方から検討している。コールマンは同書の日本語版序文で語気強く、日本の現状をつぎのように分析する。

「いま日本の科学者は自らの夢と希望を実現しようともがいている。実際、彼らの才能があまりにもないがしろにされているために、私はこの本のタイトルを『宝の持ち腐れ』にしようと思ったくらいだ。……私が危惧するのは、『流動化』といったあいもかわらぬ生半可な改革や、『国民性』といった非生産的な逃げ口上にばかり頼っていては、問題を理解し、解決することは難しいということだ。さらに大きな問題は、権力と権限の濫用について率直にありのまま議論したがらない風潮だろう。……組織問題を解決するには、まずこの問いを発してみる必要があるだろう。」

コールマンの主張を先取りすれば、「日本の科学者は自立していないのか、あるいはできないのか」がもっとも重要な論点である。彼の問題指摘を整理してみる。

㈠　相当の予算が国立大学などに注ぎ込まれているが成果が生まれていない「学」の問題性―端的

にいえば適材適所となっていない。優秀な若い人材が「枯れ木」となっている。若い優秀な研究者に早い時期に研究室を構えさせていない。「日本では一流大学ほど終身雇用のポストを卒業生で埋めたがる。……一流大学の卒業生を二流大学が採用するという一種の植民地化パターンになっていることも、日本の流動性を妨げる一因となっている」。教授の思惑に翻弄されている助手というキャリア。実績に関係なくエリート大学に偏重しすぎた灰色基準配分の科学研究費。

㈡　政府直属の研究機関という「官」の問題性―博士（ドクター）が給与面で優遇されていない。基礎研究と応用研究の区別のあいまいさ。年功序列と業績評価のあいまいさ。研究者における男女差別の存在。

㈢　研究コンソーシアムとしての産学官連携の研究機関あるいはプロジェクトの問題性―自由な研究テーマの選択がない。企業からの派遣研究員の動機づけが低い。大学出身研究者が自由になれない。企業派遣研究者（＝修士）の力不足、とりわけ基礎研究の訓練不足と博士号研究者との落差。企業研究者の博士号の問題点＝自由にテーマを選択した結果ではない「吹けば飛ぶような資格」と給与面での低い優遇措置。産官学の関係において官の政治性が強すぎる。

㈣　公的研究機関という「官」―「科学への関心も基礎研究管理に必要な技術や知識をまったく考慮しないトップの指示で派遣」され、「研究員のニーズをよく知らず、また知ろうともしなければ、彼らの要求が理にかなったものかどうかを判断することができない」管理事務層と研究者の間の軋轢と対立。

日本の研究機関の非効率性は個々の研究者の潜在能力を引き出せない「官」の問題―いわゆるお役所仕事―でもある。研究機関を「管理」するところに、科学を理解する人材がいないことが最大の問題点であることはすでに自明である。にもかかわらず、日本はこれを変えることができない。

七〜八年前に、すこし集中的に地方自治体の公設研究機関を調査した。そこで、技術とは全く無関係の職域とポストを歩いてきた人たちが、技術系研究機関を管理する地位についているのが多いことがわかった。彼等にインタビューすると、枕詞のように「わたしは技術の専門家ではないので、詳しいことをしゃべることはできないのですが……」で挨拶が始まる。それなら、技術をわかる人をもってくればよいのだ。

この点について、コールマンはつぎのように述べる。

「博士号保持者が研究費の配分を管理するアメリカとは対照的に、日本の省庁の研究管理者はほとんどしろうとである。最も信じ難いのは文部省が基礎研究の諸問題に対してノウハウを持っていないことで、専門家を採用せず、実地研修・教育を行う気もないようだ。むろん管理者が博士だからといって必ずしも意欲ある研究者のニーズにこたえられるとは限らないが、同じ研究のフラストレーションと喜びを経験した者として、研究者がこまごま説明しなくても彼らのニーズと問題を理解し、彼らの目標を自分の目標としてとらえることのできる可能性は高まるだろう。」

この指摘は当り前すぎるぐらい当り前である。でも、なぜか日本ではできない。その背景に日本の官僚社会のあり方そのものがある。わたし自身も政府あるいは地方自治体の研究機関をここ一〇年間ばかり調査をしてきて、この感をますます強くしてきている。

いわばこの種の「官僚亡国論」は日本でも指摘され続けているという点で、コールマンの論点は古典的な批判視点である。政府はこの批判に対し、審議会や研究会で外部から科学や技術がわかる専門家を委員として招聘しているから問題はないという。これもまた、長い間繰り返されてきた古典的な言い訳である。「御用学者」ということばこそ使っていないが、コールマンもこうした実態をよく知っており、つぎのような問題点を的確に挙げている。

①大学教員の中から任命される委員は「例外なく五〇歳を超えていて、文部省の既存の政策を確実に支持する人間たち」である。

②「東京大学を頂点に置き、残りの大学をその下に階層的に位置づけるやり方も、研究事業の管理を大幅に単純化できるので、官僚支配にはもってこい」である。

③科研費などの「プロジェクト審査員の名前を明かさない」。したがって、科研費の申請が不当に却下された疑いがあっても抗議することができない。また政府機関である文部省は請求があっても情報を公開する義務はない。

わたしもコールマンの見方を強く支持する。もっとも、コールマンの指摘から七〜八年経過した現在、日本の研究体制もすこしずつではあるが変化してきた。ただし、現実には財政問題から任期制が導入され、結果として研究者の流動化が進んできたのであって、これが内発的なものかどうかは別である。

また、こうした研究体制の変化が「適材適所」という原則に合致した研究者の流動化をもたらした保証は全くない。なぜなら、流動化と適材適所が合致するには、業績へのきちんとした評価基準とその公開性がなければならないからだ。

コールマンが、この著作で対象とした分野はバイオテクノロジー関連の研究領域である。この分野はきわめて基礎研究が重要な鍵を握り、画期的で独創的な発見が大きな役割を果たす領域でもある。いまのところ、この分野において日本は二流の地位から脱していない。では、こうした分野で日本科学者が大きな役割を果たしうるのか。

この点について、コールマンは「おとなしい日本人科学者たち」の歴史的・地理的要因、国民性、外国語能力、組織における年功序列や有名大学などを頂点とする序列性などの点に言及した上で、「宝の持ち腐れ」を繰り返してきた日本の組織文化、とりわけ「官の文化」そのものを問題視する。つまり、日本人の個々の独創性という問題よりも、日本の研究組織とこれを「管理」する組織のあり方そのものを、わたしたちは分析対象とすべきなのである。

組織と戦略

研究開発といえば、大企業においてのみ可能であるという見方がいままでも強かった。その前提には、研究開発を効率的に行うための四つの条件が大企業においてのみ整備されると考えられてきたからだ。

㈠　資金―基礎研究、応用研究、商品化研究などにはいずれも大規模な設備と潤沢な研究開発資金が必要である。
㈡　人材―研究開発を行うには大学院卒などの人材が必要である。
㈢　特許―基礎特許だけでなく、関連特許や周辺特許などの取得が必要である。
㈣　市場―研究開発成果を商品化し販売するには市場調査や市場開拓などが必要である。

この四つの条件を、中小企業が満たすには制約が多い。だが、研究開発の効率性の点から見て、果たして大企業だけが有利なのであろうか。研究開発単位としてのスモールビジネスもまた研究開発において大きな潜在性をもっていないのだろうか。

まず、㈠の資金という壁である。これについては徐々に改善されてきた。すなわち、いわゆるベンチャーファンドがそれぞれの地域に整備されてきた。ベンチャーファンドは、金額的にはそれほど大規模ではない。だが、ファンドにとって重要なのは規模ではなく、これを実際に運用できる人材がいるかどうかである。つまり、技術系スモールビジネスあるいは大学発ベンチャーの技術水準、独創性、事業化の可能性などを的確に判断し、投資決定ができる人材がいるかどうかが重要である。

ベンチャーファンド額そのものが小規模でも、いわゆる目利きできる投資スタッフがいれば、上場を通じてのキャピタルゲインなどによってファンドそのものも成長でき、投資対象を拡大できる。その結果、小さく生んで大きく育てる資金の循環が可能になる。

㈡の人材については、大学進学率の上昇によって、理工系卒業生の数は増加し、大企業だけでこうした人材を吸収しうる時代は終焉した。趨勢的にみれば中小企業で働く大学院卒業者たちも増えてきた。

ただし、㈢の問題については簡単ではない。

中小企業の場合、基礎部分の特許を申請・取得しても、これに関連する周辺・関連特許の申請・維持費は小額ではない。独創的な特許取得などには政府の支援策が必要となる。けれども、中小企業などの技術開発は、いわゆる製造にかかわるものも多く、特許ではなくむしろ加工上のノウハウとして、その改善・改良を続けてきた製造機器や職人技として蓄積されてきたものも多い。

最後に、㈣の市場開拓である。中小企業そして技術開発系のスモールビジネスにとってもっとも大きな問題がこの点である。中小企業は研究開発とその事業化までで精一杯で、市場開拓や市場戦略までに手が回らない。

中小企業やハイテクスモールビジネスへの技術支援政策として、ベンチャーキャピタルや産学連携が重要視されるが、むしろより重要であるのは開発技術の市場化支援である。ハイテクスモールビジネスが成功するかどうかの本質的な鍵はここにある。

もともと、専門分野に特化しスピンオフしてきた人材がハイテクスモールビジネスには多く、彼らは技術上の隘路への解決策については多くのアイデアを持っている。しかし、市場開拓や市場戦略について未経験な人が多い。もちろん、これは日本だけではなく、フィンランドあたりでもそうである。最初、ある程度の市場への受け入れをビジネスプランでも描きスタートしてみても、技術者集団の場合、技術開発そのものに「熱中」して、この過程で市場開拓を行う余裕を失っている若い起業家たちも多く見かける。インキュベーション・マネジャーの腕の見せ所はここらあたりにある。

技術開発で見込みがついた時点で、慌ててにわかセールスマンとなって、開発製品の販路を開拓するものの、うまく行かず、資金繰りが悪化して経営が行き詰まる例もある。この意味では、研究開発と市場戦略の並行的連動性ほど重要なものはない。

第三節　組織と創造

成功と失敗

研究開発はまずは失敗の連続から始まる。

こうした失敗の連続と成功との間にある重要な鍵は、失敗から成功までの時間をどのように縮めるかにある。そのもっとも有効なやり方は、組織における失敗の共有化である。そのためには必要なことがある。

㈠　失敗に対して寛容な組織の存在。

㈡　失敗を隠さず、共にそこから学びうる仕組みの存在。

スタンフォード大学発ベンチャーで、いまや世界的に事業を展開するデザイン企業のアイデオ（IDEO）はこの二つの点を重視する会社である。この企業名を知らなくても、コンピュータのマウスをデザインした会社といえばピンとくるだろう。同社の代表であるトム・ケリーは『発想する会社』で、「すぐれた企業は、小さな失敗の文化を抱えている」と述べた上で、つぎのように指摘する。

「イノベーションに関して決定を下すのは、危険をおかすことだ。……IDEOには一つの合い言葉がある。『失敗は成功への早道』。リスクをおかせば、かならず失敗はついてまわる。しかし、リスクをおかさなければ、おそらくあなたは成功しないだろう。これは、私たちがつらい経験から学んだ教訓であり、幾多のクライアントとともに見てきた事実である。」

こうしたことを主張せざるを得ないのは、アイデオが世界に九か所の拠点をもち、四〇〇人近く抱えるデザイナーの国籍が二〇か国以上に及ぶ大組織となっているからでもある。いま、こうした失敗の文化をどのようにして組織的に維持するかが、アイデオにとって重要である。

「デザイン会社のスタッフが一〇〇人を超えることは滅多にない。理由は単純である。才能のある人がその才能を開花させる場所が見つかれば、新しい方向に分かれていくのがつねなのだ」。そういうことが常識の世界にあって、大組織となったアイデオで、職人気質のデザイナーたちが自由に発想し、失敗し、この失敗をチームが積極的に生かそうという試みは、わたしたちに多くの示唆を与えている。

イノベーションを生み出す研究開発とは危険をおかすことである。そして、小さな失敗の積み重ねを積極的に生かすには「小さな創造的チーム」がいかに効率的であるべきかを、アイデオの事例は示している。小さい組織は失敗を隠すことができない。隠すことができなければ人はそこから学ぼうとする。このことこそが重要なのである。

大学で機械設計を教え、多くの事故分析を行ってきた畑村洋太郎もまた失敗の重要性を強調する。畑村は『失敗学のすすめ』で、「創造的な設計をするには、多くの失敗が必要である」ことを指摘する。「失敗を隠すことによって起きるのは、次の失敗、さらに大きな失敗」につながる。失敗から何をどのように学ぶかが大切だと強調する。畑村の失敗論で重要であるのは、失敗を単に技術的な問題としてではなく、組織の問題としてとらえていることだ。後者の組織論からみた失敗についてはつぎの諸点が重要である。

①　失敗の知識化をはかること―組織として失敗を記述し共有化するには、「事象」「背景」「経過」

「原因」「対処」「総括」を盛り込み、これらをデータベース化し、検索しやすいシステムを構築すること。

② 決して批判しないこと―実際には当事者が失敗について語ることは難しい。失敗者以外の人がまとめる場合には、聞き手が批判せずに右にあげた項目を満たすこと。

③ 上下関係にとらわれない原因究明について徹底的な分析。

畑村は、組織として失敗を生かすことが創造力を生むものであり、「創造力のなさは、失敗に直面したときの対応のまずさに顕著に現われる」と述べる。そして、日本が近代化に性急な「マネ文化」を転換させる時期にきていることを強く主張する。

また、畑村は次のように指摘する。

「失敗が忌み嫌われ、悪いものとみられがちの日本では、どこの組織でも日々くり返されているはずの失敗を隠蔽し、なんでも成功したことにする後始末が行われがちです。……日本という国の文化が失敗に寛容でないかぎり、責任追及を怖れたこうした後始末が行われるのはやむを得ないことかもしれません。しかし、それはそれとして、成功だと思っていたものの中に、じつは実態との間に乖離があることを自覚しないと、虚偽の報告をそのまま真に受けて新たな失敗の種を自らの手でつくることになりかねません。」

さまざまな事故から失敗の教訓を引き出さず、同じような惨事が繰り返されてきた事例についてはいまさら指摘するまでもない。惨事にまで至らなくても、それぞれの組織においても、失敗が繰り返されているケースは多い。

畑村のいう三原則は、研究開発において失敗から成功を導き出す上で有益な指摘である。

同期とＲＤ

数学者などによる大学発ベンチャーとして、失敗の共有化と技術開発の同期化を通じて成功した部類に入るケースをみておこう。

同社の技術担当の女性役員は、失敗の共有化は当り前として、それ以上に重要なのは「同期化」であると指摘する。これは序章ですこし言及したコンカレント・ラーニングに共通する考え方でもある。同社の場合（当時、従業員数約二〇名）には、つぎのような同期化が研究開発にとって重要であるとされる。

①　事業と市場発展の「同期化」―市場と経営の双方がわかる技術者の存在。
②　人材育成と事業の「同期化」―研究能力と商品開発の双方がわかる技術者の存在。

彼女はこの同期化についてつぎのように語る。

「大学発ベンチャーが成功するには、研究だけではなく開発も並列的に実行できる人材がいるかどうかが鍵を握ります。大規模組織と異なり、スモールビジネスでは『研究は研究、開発は開発』という人材配置は困難です。また、こうした分業体制はかえって、失敗を隠し、研究から開発へという流れに壁を築きます。小規模であるがゆえに、研究しながら開発も視野に入れざるを得ないのです。そして、このことこそが、大手企業に先行して、わたしたちの先端的な研究成果を事業化できた最大要因なのです。スピードこそが研究開発にとって重要であり、研究と開発の『同期化』が事業化に要する期間を短縮できます。とはいえ、研究と開発の同期化以上に困難であるのは、事業と市場発展の『同期化』なのです。」

そして、この事業化と市場化との関係について、彼女は「変化の激しい現在、将来の市場がどのような技術を必要としているのか、あるいは期待しているかを適格に知ることは容易ではない。技術開発ができてから、これに見合った市場を開拓するようでは遅すぎる」と述べた上で、つぎのような課題を掲げる。

㈠　技術と経営を同時に理解できるとは―「市場ニーズを見つけ、その市場ニーズに応じて技術を生み出し、その技術を事業化段階までもっていく」。そして、研究成果をつねに商品化に反映させる。

㈡　市場ニーズに応じた開発を行うためには―研究者自身がつねに市場ニーズを意識する。

㈢　技術が経営を支えるためには―「受注」型スモールビジネスから「自主開発」型スモールビジネスへ転換する。自社のコア技術の明確化と応用へのこだわりを持つ。

第2図　研究開発と市場化の同期化

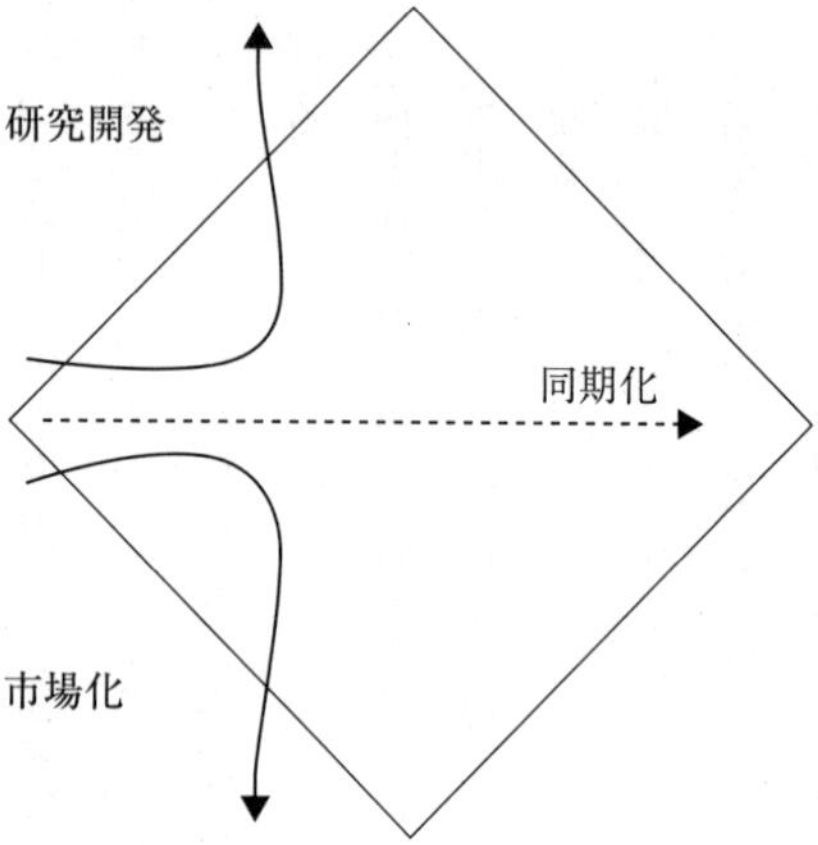

彼女はこうした三点を踏まえて研究と開発の領域で、どのようにして商品化をすすめるべきかをつぎのように述べる。

「単に研究志向が強い人は、技術水準の視点からだけ判断する傾向にあります。他方、商品化のみを考える人は技術的に挑戦しようとせず、既存の安定した技術の応用ばかりを考える傾向にあります。現実には安定した技術から容易に商品化できる範囲で対応しようとするのがとりあえずはいいのかもしれません。だが、本当に良い商品を作ろうと思えば高水準の技術を取り入れた商品開発が必要となります。このためには、高い研究能力をもつ開発技術者を育てていくことが重要なのです。……大学発ベンチャーにとって人材がすべてではないでしょうか。つまり、大企業のような資本力はないかもしれませんが、研究成果があります。問題はそれを市場に合った商品化にどのように結びつけるかです。このためには、研究段階でどのぐらい市場を意識できる人材を育てるかです。」

研究開発は市場化されてはじめて成果をあげる。このためには、「研究」と「開発」の同期化、「研究開発」と「市場化」の同期化が鍵を握る（第2図参照）。

クラスター

海外事例を紹介したことばが日本語に訳されないままに、そのまま使われるようになった。「クラスター」もまたそういうことばの一つなのかもしれない。もともと「クラスター」は、経済学者や経済地理学者たちが「産地」や「産業集積」などととらえてきた概念と重なる。

それがいまでは、シリコンバレーなどでのハイテク産業の集積が強く意識され、産官学連携による外部経済効果が企業を引き付け、そうした企業が別の企業などを引き付けさらなる産業集積につながったことが、クラスター概念の一角を形成する。

従来の産業集積論では、地方都市の大企業中心の企業城下町的な企業集積、大都市圏の機械や金属産業分野での加工組立型大企業と下請関係にある中小零細企業群の集積のあり方が論じられてきた。こうした集積が生み出す研究開発力については、大企業中心の研究開発体制が分析の俎上に乗せられても、企業集積がもつ相互依存的な研究開発力についてふれられることはそう多くはなかった。

このクラスター論では単なるモノづくりにおける集積ではなく、研究開発機能という「頭脳」をもつ集積力が重視される。特に、産官学のうちの「学」＝大学や研究所の重要性が認識されたことにおいて、クラスター概念はこれまでの産業集積概念とは異なる。つまり、そこには研究開発とハイテク概念が入り込んでいる。

五〜六年前になるだろうか、京都で開催された「技術政策とイノベーション」に関する国際会議に出席したことがあった。そこで紹介された成功事例は、米国のシリコンバレーやオースティンであった。テキサス大学オースティン校からもデビット・ギブソン教授が参加して、オースティン地域でのクラスター形成の経緯を説明した。

しかし、その報告はクラスターの形成過程を解き明かしても、この前提となった初期条件を説明するものではなかった。そこで、わたしは思い切ってこの初期条件を聞いてみた。報告者はしばらく考えた上で、「それは偶然の産物ともいえるかもしれない」と答えた。

いま、クラスターの重要性が強調され、これを政策でいかに作り出すかが論議されている。では、政策という意図的なやりかたでギブソンの言うような「偶然」をつくりだすことができるのか。

デビット・ギブソンは、わずか一五年間ほどで半導体、コンピュータ・周辺機器、ソフトウェア産業分野のハイテク企業を集積させることに成功したテキサス州オースティン市を取り上げた「クラスター形成とハイテク産業都市への発展過程」で、オースティンの経験を「奇跡」と表現して、「オースティンモデル」の背景を説明している（西澤昭夫・福嶋路編著『大学発ベンチャー企業とクラスター戦略—日本はオースティンを作れるか—』所収）。

その中でギブソンはクラスターの重要な構成要素となった「主要研究大学、大企業、新興企業、支援グループ、連邦政府、州政府、地方自治体」の果たした機能や役割を評価しつつも、「インフルエンサー(地域の産官学セクターに所属する主要なビジョナリスト、メンターなど)によって支えられた官民セクターを越えた協働は、現在でも重要であるという現実は否定できない」と述べる。この「インフルエンサー」とは「ビジョナリスト」であり、「メンター」でもあったコズメツキー─当時、テキサス大学オースティン校ビジネススクール学部長─の存在を示唆する。

コズメツキーは、貧しいロシア移民の息子として生まれ、ハーバード大学で博士号を取得し、カーネギーメロン大学で教授となった。その後、実業家として成功した彼は、オースティンで起業した若者や起業家たちを献身的に物心両面で支援した。

コズメツキーはビジネススクールの責任者を退任してから、私財を投じ、また地元財界からも資金を集め「国際的で学際的なシンクタンクとドゥータンクで、また世界の持続可能社会と経済発展を促すための技術、企業家、教育を結びつける」ことを目的とした「イノベーション創造と資本」研究所を設立した。

この機関は単に研究する(think-tank)するだけでなく、行動する(do-tank)組織となった。事実、この翼下にインキュベーション施設、起業家に資金を提供する非営利のビジネスエンジェル、教育プログラムも組織された。

こういった個人の役割をめぐっては、いろいろな議論がある。コズメッツキーがいなくても、オースティンモデルの「起爆剤」となった大企業の研究所などの誘致が成功し、クラスターは形成されたかもしれない。しかし、コズメッツキーがいなければ、オースティン・クラスターはまた別のようなものになったかもしれない。

オースティン校でクラスター研究を行った東北大学の福嶋路は、前掲書の「あとがき」で最晩年のコズメッツキーとのやり取りをつぎのように紹介している。

「彼はいつも途方もない規模で物事を考えていた。今日やったことが一〇年後にどうなっているのか、いつも考えているのだと話していた。私が最後に会ったとき、彼は闘病生活の末期にあった。仙台はオースティンになれるのだろうか、という私の問いに、『仙台にはポテンシャルがある。ただ欠けているのは勇気だ』と答えた。」

クラスターの形成にとって、あるいは既存クラスターのさらなる発展にとって、大学、研究所や企業などの「機関」という組織が重要視される傾向にある。だが、初期条件あるいは発展的継続条件として、勇気ある個人の役割が決して軽視されてはならないだろう。

ギブソンは、経済地理学者リチャード・フロリダの『創造的階級』の分析内容を検討し、全米のイノベーション地域に共通するのは、単に大学や研究所などの集積だけでなく、住環境や街の文化、要するに個人として住んでみたくなるような要素の存在だとも主張している。

そして、個人的側面ということでは、ギブソンは先の論文の中で市民企業家やソーシャル・アントレプレナーの役割をつぎのように指摘する。

「オースティンの市民企業家、ソーシャル・アントレプレナーは、ビジネスリーダー、アカデミック、行政などに分散して存在している。彼らは、地域の生活の質を維持・向上させるために、自発的に彼らの時間、努力、資源を地域の発展のために費やしている。」

「ソーシャル・アントレプレナー」ということばも米国直輸入で日本語に移しかえられないままに、いまでは多くの人によって使われるようになった。だが、地域産業の発展史をみれば、日本でも大きな役割を果たしてきた人たちが存在しており、彼らはしばしば「素封家」や「名望家」と呼ばれた。彼らはまさに起業を私的に支援した人たちであった。

竹内常善は、近代日本における地方産業の発達を企業家の役割という視点からとらえた『近代日本における企業家の諸系譜』で、企業家の個別的勇気が地方産業の発展―地方産業「クラスター」といってもよいだろう―の重要な初期条件となっていたことを伝えている。

竹内は「この国では伝統的な老舗が技能形成や最新技術導入に大胆な主導性を発揮することもあれば、実に細かい特殊下請工程が『産業』として自立することもある」と個別事例について言及した上で、近代日本の企業家類型についてつぎのように述べる。

「戦前期の日本の経験は、現在の途上国に見られる経営感覚や社会変容の経緯に通じるものを、一面でたっぷりと内在させていた。しかし広範な私的小状況における競争原理の厳しさと垂直的社会移動の厳しさにかんしては、早くから先進国なみ以上の水準にあった。……自己の専門性や効率性に阿修羅のごとく埋没できても、世間的には通俗的既成事実を追認するだけの対人意識や体制感覚しかもち合わせていない、事なかれ主義を生み出してきた。その一方では、理念も構想も貧困ながら、既成事実の絶妙なる積み上げに没頭する粗野かつ野卑の組織的豪傑も輩出してきた。また、自分の居住する地域の原風景がもっていた豊かさや過酷さを気にすることもなく、ましてその将来的な景観構想の貧困については何の生態反応をしめせないような、そんな経済的『達人』も枚挙に暇ない。端的にいうなら、そうした中小生存欲の権化を大量に生み出したわが国工業化の動かしたい一面だった。」

わたしたちは、相も変わらず外国事例にあこがれ、結局は、外国の原風景を安普請のテーマパーク型パビリオンに矮小化させながら、「イノベーション」を生み出しうる産業集積や企業集積、そしてクラスターの鍵を握るものとして、企業家精神なる概念を乱雑かつ粗野に使ってきた。

他方で、政策によって個別企業の活動を阿修羅のごとくまい進させても、「世間的には通俗的既成事実を追認するだけの対人意識や体制感覚しかもち合わせていない、事なかれ主義」といった企業家の精神性からは、第二のコズメツキーが生まれる保証などはない。

わたしは竹内の指摘と共に、コズメツキーの「ただ欠けているのは勇気だ」ということばを重く受け止める。

新公共工事

皮肉な見方をすれば、クラスター政策、あるいは研究開発促進のための産学連携政策は新たな公共工事といえなくもない。

どの国でもそうだが、過去において不況期の景気刺激策として、いわゆるケインズ的スペンディング政策が取られてきた。この考え方は、国民経済のもつ供給力に対して、それを消費するだけの需要がない場合、政府が国債などを発行して将来の購買力をいまに引き寄せ、公共工事などを通じて需要そのものを作り出し、需給ギャップを埋めようというものだ。

従来は、港湾、道路、トンネル、下水道など社会資本の整備にこうした資金が投じられ、ここで発生した雇用所得が消費されることで、あらたな需要を生み出し、さらに供給の増加を促し、景気回復あるいは経済成長が促された。

しかし、いまは、こうした政策の中身が変化してきた。それは、一つには社会資本がすでに充実し、その維持・補修が主となってきているためだ。もう一つには高学歴化が進展し、人びとが土木や建設などの現場で働くことを必ずしも希望しないためである。そこで、高学歴化に応じた労働市場での需給ギャップを現代的に埋め合わせる労働政策が必要となってきた。

その一つは高学歴者のための雇用政策である。フィンランドでも、文部省からの研究費、技術庁からの事業化開発助成金などはサイエンスパークの建物それ自体の整備費用よりもむしろ、大学院生、博士課程終了後のいわゆるポスドク学生、大学などの期限付き研究者などに支出されている。もちろん、こうした資金ですべてはまかなえないので、民間企業から共同研究という名目で開発資金負担を求めることになる。

こうした雇用政策は、同時に技術政策でもある。グローバル化した経済の中では、多国籍にわたる水平・垂直分業関係が海外直接投資の活発な動きによって一挙に加速された。こうした資本収支の変化は同時に、製品と雇用・国民所得の不均衡を中・短期的にもたらす。そして、未熟練労働分野の製品が海外に移転されるとともに、熟練の意味が問われ、高学歴と高専門性との関連性が重視されるようになった。

要するに高学歴が高専門性につながる先に、研究開発などよる高次の競争力構築が目指されるようになった。これは日本のみならずいわゆる先進国の政策文書のほとんどに盛り込まれている内容である。もちろん、中進国や途上国でも技術政策が登場している。

この文脈で「知識化社会」論や「知識主導社会」論が唱えられ、生涯学習が強調される。そこには当然ながら産業政策的な意味もあるが、同時に、高学歴者が自分の専攻分野に合致した就労形態を確保できない場合のモラルハザード防止策、すなわち労働政策的な意味もある。フィンランドでも、企業から派遣費用が支出された決して安くないビジネスコースプログラムとは別に、大学などでさまざまな生涯教育プログラムが一般向けに組まれている。これは高学歴者などへのモラルハザード防止のための刺激策といえなくもない。

さて、高学歴者への労働政策は、一方で既存企業への就労促進を目指す。ただし、研究開発部門をもつ中堅以上の企業は単に製造拠点だけではなく、応用研究や開発研究分野についても最適立地とコスト性を求めて国外に展開している。この場合、高学歴者の「自営業化」の一つの道は、産官学連携が時間的にも空間的にも容易なサイエンスパーク内や大学内のインキュベーション施設での、大学発ベンチャーやスピンオフベンチャーの促進である。

こうしたベンチャーは、技術障壁や資本障壁の高さにおいて従来型創業とは同一ではない。必然、技術障壁では産学連携を、資本障壁では官からの助成を必要とする。たとえば、フィンランドでは技術庁から個人を対象に助成金が支給される。その場合、三〜五年以内にインキュベーション施設などで起業を促すことが念頭に置かれている。

わたし自身、そうした開発助成金を受けた起業家たちや補助金を決定する側に調査を行ってきた。当然、助成を受けるためには選考基準がある。大学の研究者であっても、その研究成果が事業化につながる可能性の多寡に選考の焦点がある。それゆえ審査する側は工学専攻者でなおかつ民間企業などで実務経験をもつ専門家たちである。この点は、日本とは大いに異なる。

冒頭で現在の公共政策を「新たな公共工事」と述べたが、それは、以前の公共工事主導型とは異なり、より人的資本への投資を中心とする政策である。

第四章　スモールビジネスと技術・経営

第一節　個人と技術

創造と条件

日本の産業技術形成史に取り組んだ中岡哲郎等の研究グループは、『戦後日本の技術形成―模倣か創造か―』で、日本の技術力は一九八〇年代に世界の先端水準に肩を並べるようになったが、そこには危機感を持つべき課題があるとして、つぎのように問題点を指摘する。

「ここまでの三〇年の間に、日本社会は敗戦直後の社会が持っていた創造性の条件のほとんどすべてを失っていることに、もっと危機感を持つべきではないか。とくに敗戦後の時期には、若者に非常に大きな仕事をさせる社会的条件があった。また異質な要素が結びつき刺激しあう社会があった。そうした条件を社会が失っていることを深刻な問題と見るべきではないか。」

わたしも同意したい。わたしたちは技術というものを、技術体系にのみ即して理解しがちである。

だが、技術とは科学的知識の社会化である。社会化であるならば、技術はその社会のもつ構成原理、つまり社会的文脈と密接な関係をもち、決してわたしたちの社会的価値観から独立して発展するものではない。

科学史家の三上義夫は、わが国数学発展の特徴を日本文化という文脈でとらえる。三上は『文化史上より見たる日本の数学』で、数学の発展というものも「文化史的立場の上から広い視界の下でみていって、社会状態、国民性、ないし文化一般の発達上如何なる関係を有するかを見定めなければならない」として、日本数学（＝和算）の特徴を考察する。日本人の創造性を考える上で興味を引く三上の指摘を、わたしなりに整理して示しておこう。

㈠　論理的思想性──「日本人の論理思想をもってして、日本の数学が証明の精神に欠如するところがあり、過誤の少なくなかったというのは当然のことであって、それにもかかわらずあれだけの結果を得たのは、芸術的気分に支配されたことがあずかって力なきものでなかったであろう」。

㈡　実験観測の科学の発達の遅れ──「物を理論化せずに運用に長ずるというので、実験科学の発達は必要でなかったので、星学もまた実験的に進むことができず、かえって芸術的の意義において数学の進歩のために反対に影響されることになった」。

㈢　数学者の地方分布──「和算は実利的精神の勝った土地には栄えずして、理想的精神の流れているところのみに起こったらしい。……和算は閑散なる遊職階級たる武士を中心として発達したものなので、あんな芸術的気分のものに発達するのも無理ならぬことであった」。

㈣　経済発展と実験科学―「経済の進まぬ東北地方を控えて遊食の武士を中心としての和算が江戸に栄えたに反して、文化の早く進み経済が発達し功利の精神に富んだ西方で実験科学の起こって来たのは決して怪しむべきでない」。

㈤　独創性と和算―「和算は理論としては支邦のものを土台として、これを改造同化したのであるが、しかも支邦で見ざる方面に発達し、応用の才を現している。……すでに深刻独創的の哲学がないところに、数学そのものも学理的よりは、法であり、技能的であったからには、数学上の観念も深刻透徹のものが発現しようはずもなく……」。

三上の指摘と問題設定は刺激的だ。江戸期に大きく発達した和算にみられるこうした特徴が、近代日本においてどのように継承され、あるいは途絶したのか。この点は、現代における日本人の独創力に関心をもつ者にとってさらに興味を引くところである。

他方、同じ数学者である小倉金之助は、日本人の潜在的独創力について楽観的なようにみえる。彼は、自由民権運動を抑え込んだ明治政府以来の、日本の科学教育政策こそが日本人が潜在的にもつ独創性を奪ったとみる。

小倉は敗戦から日本が復興しつつあった昭和二八［一九五三］年に発表した「われ科学者たるを恥

ず」という論稿で、官学偏重的序列観が強い日本の科学教育や政策に強い不満と批判を示した。

「科学の研究も科学の教育も、いまやすべて、官僚的・軍事的・国家主義的教育制度の枠の内で、進まなければならないようになった。〃日本科学の基本的政策が、もうここではっきりと規定された〃といってよい、と私は考える。」

また、小倉は近代社会の科学は、明治の自由民権運動が求めた市民社会の成立とともに科学的精神が生まれ、それとともに発達してきたとみる。しかし、官学偏重という「温室で育成されて、〃牙を失った〃科学者や〃阿諛者〃と化した教育者、かれらはまったく独立心を失ったのだ。……（第二次大戦後においてようやく―引用者注）日本の科学者も、〃自主独立〃する時期に達した。私は、それは〃牙〃のない、〃精神〃のない、〃科学〃がただ形式的に自由独立するに至ったのだ、という意味に解釈したい」と小倉は述べる。

先にコールマンの『検証・なぜ日本の科学者は報われないのか』を紹介した。これは米国人社会学者が日本の科学の「現場」を調査した報告書である。ここで、コールマンは官学偏重的序列観の強さこそが、日本人科学者の本来もつ豊かな潜在的独創力を制度的に奪っていると主張する。そうであるとすれば、日本とはきわめて頑固な社会だ。いま、独創性の必要性が強く叫ばれる。だが、独創性は官学偏重の権威主義的序列観の強い社会からは生まれないだろう。だが、制度が生み出した序列観は決して打ち破れないものではない。

小倉の指摘から半世紀以上が過ぎて、コールマンもまた同じ指摘をしている。ならば、研究開発における産学連携が強調されるいま、彼らの視点は何を意味するのか。科学の精神とは官学的偏重的序列観という上意下達的で、官僚主義的かつ階層的な社会構造ではなく、自由な精神をもち、独立心旺盛な研究者が個人的に確立した「民主的な」社会のなかでこそ生まれるとすれば、小倉やコールマンの主張は、いまの政府主導の産学連携政策のあり方について、わたしたちに再考を迫ってはいないだろうか。

社会と流動

オートバイをつくっていた浜松の町工場が世界のホンダへと飛躍した理由を、単に本田宗一郎の発想とその開発にかける超人的な粘り強さから説明するだけでは十分ではない。

出水力は『オートバイ・乗用車産業経営史―ホンダにみる企業発展のダイナミズム―』で、独自の四サイクルエンジンの開発に取り組んでいた昭和二七〔一九五二〕年頃の設計陣を紹介している。

「本田宗一郎のワンマン開発体制は変わらないが、生え抜きの技術者河島善好らを核にした浜松グループと、一九三五年に東大の機械を出て、戦前は中島飛行機でエンジン開発をしていた工藤義人をはじめとする原田信助、中村良夫、八田龍太郎、関口久一などの中島系の技術者、日本楽器（ヤマハ）のプロペラ部門の技術者・新妻一郎など中途採用の技術者の混合力で開発が進められるようになってきた。一九五三年四月から大学新卒技術者の入社が始まり、開発部門として埼玉・浜松の両製作所に設計課が置かれていった。」

ここで述べられているように、中島飛行機やヤマハなどの元技術者の入社により、航空機エンジンの開発手法がホンダに移転された。ときに、こうした学校出の技術者と現場主義の本田宗一郎との間に軋轢があったことはよく知られている。このぶつかり合いこそが次々と新エンジンを生んでいった。それが、やがて本田によるトップダウン方式から、集団体制方式の研究開発組織が生まれる足慣らしにもなった。

経営幹部の中にも、敗戦後の就職難で職安を通じてホンダに就職し、後に副社長となった西田通弘のようなケースがある。西田は横浜高等工業学校（現・横浜国立大学工学部）を繰り上げ卒業し、陸軍航空技術研究所の技術中尉で敗戦を迎え、鍋・釜の町工場を立ち上げたものの、倒産し、その後、ホンダが生産拡大をやろうとしていた昭和二五［一九五〇］年に入社した。

敗戦と戦後不況がなければ、ホンダと学校出の技術者西田との出会いはなかったろう。また、昨今、産学連携について強調されているが、当時のホンダにおいて、東京大学航空学科の教授や東京都立工業奨励館の研究者などと共同研究が行われていたことも記憶に留めておくべきだ。

技術というのは人に体化された科学知識と経験の体系である。それは人の流動化によって組織に移転される。もちろん、機器などによってモノをつくりだし、あるいは事象を計測・分析することは可能である。だが、機器などを使用するだけでは、そこに体化されてきた技術体系や科学知識などを蓄積することは困難である。とりわけ、研究開発は人に体化されてきた科学知識や経験の応用であり、それは、機器を単に使用するのではなく、機器を製作し、修理し、時に改良することなどを経て、そこに体化されてきた原理・原則を理解してこそ、技術革新に結びつく。

この視点から技術移転を考えると、人の流動化によってその人に体化された技術が他の人へ移転され、こうした人と人との相互的な交流で技術知識の応用性が高まる。実際、ホンダへの中島飛行機などの航空技術者の移動による技術移転が、本田宗一郎の技術的発想に具体的なかたちを与えた。

こうして見てくると、ホンダのようにスモールビジネスから成長した事例が、日本社会で今後生まれる可能性は、いろいろな技術蓄積をもった技術者たちの一定割合がハイテクスモールビジネスへ移動するかどうかによる。

これは単なる政策的課題だけではなく、技術者たちの個人としての生き方─ライフスタイル─に深く関連する。かつて、自らの技能を高めるために、職人たちは異なる工房や工場を「渡り」、自らの技術を移転するとともに、そこでの技術を自らに移転させていった。こうしたライフスタイルがいまの技術者にも可能だろうか。

しばしば、ハイテクベンチャー育成策としてベンチャーキャピタル振興策が強調される。だが、その投資先であるベンチャー企業が潜在的に多く生まれるには、こうしたリスクが高い企業にあって自らの技術知識などを積極的に生かそうという技術者たちの流動性の高い労働市場が成立していなければならない。そうでなければ、たとえ資金が潤沢にあったとしても、ベンチャー育成政策は画餅となる。

企業年金制度などで企業間を移動することがむしろ不利になるような社会制度、あるいは大（企業）尊小（企業）卑の社会的価値観がいまだ強い社会にあっては、こうした挑戦者たちへのセーフティーネット―失職や失業の際のある程度の支援制度―の整備も必要である。

ある程度の制度的整備がなければ、技術者たちの流動性は個人の勇気と生き方に依存せざるをえない。ホンダやソニーなどのハイテクスモールビジネスが敗戦後の混乱のなかで生まれたのは、従来の「寄らば、大樹の陰」となる大樹（＝大企業など）が米国の占領政策の下で解体、事業休止を余儀なくされ、戦中の軍事などの技術開発に従事した優秀な技術者たちを吸収する労働市場が大幅に縮小した結果であった。必然、ホンダのような町工場にもこうした人材たちが移り、軍事技術の民需移転が行われた。

この時期の人材流動化にはこのような当時の社会状況が背景としてあった。多くの大企業がすでに生まれ、多方面にわたって技術開発を行っている現状にあっては、技術人材などの流動化を政策的に図ることは、決して容易なことではない。しかし、三〇歳代の油が乗り切った企業内研究者たちのある程度の流動性（＝スピンオフ）がなければ、ハイテクスモールビジネスの発展は望めない。

そのためには、こうした挑戦者たちを日本人の自然なライフスタイルの一つとして受け入れる社会的価値観の定着が必要であろう。

第二節　個人と独立

技術と独立

本田宗一郎等の世代にとって「技術の取得」とは何を意味したのか。

本田は明治三九〔一九〇六〕年に、静岡県天竜市（光明村）の鍛冶屋の九人兄弟妹の長男として生まれた。本田は高等小学校卒で正式に技術を学校で学んでいない。一六歳で自動車修理業のアート商会に入り、いわば「見よう見まね」で技術を覚えた「たたき上げ」型技術者である。

本田が高等小学校に入学した大正初期には、日本の小学校就学率は上昇していた。本田が高等小学校を終える頃には、工業などの実業学校や専門学校が増加したとはいえ、そこで学び、近代工場などへ就業できる機会はまだ限られていた。現場で徒弟として技術を習得することの方が、大工場などに技術者として就職するよりも将来において独立することを考えるならば、より現実的な選択肢であった。

本田よりさらに一世代前では、初等教育すら終える余裕がなく徒弟となったケースも多い。たとえば、池貝鉄工の創始者である池貝庄太郎（一八六九〜一九三四）は武家に生まれた。父親のいわゆる武家の商法の失敗で小学校を中退。横浜にあったポンプ製造修理の鉄工所の徒弟となった。その後、田中久重の製造所で旋盤加工を覚えた。二十歳で独立、旋盤の製造を始めた。

こうしてみると、日本の近代技術取得には二つの選択肢があったことになる。一つめは高等教育機関で技術を学び、陸海軍の工廠や政府の支援を受けた近代的大工場で働くという選択。もう一つは小さな工場に徒弟として入り技術を現場で覚え、場合によりさらに別工場などでも経験を積む選択。後者は強く独立を意識した技術の習得方法であり、後に成功した多くの町工場経営者が語る経験でもある。わたしもこのような経営者を訪ね歩いてインタビューを行ったことがある。一人の経営者がつぎのように語ってくれた。

「徒弟といえば聞こえがいいが、要するにただ働きのようなものだ。貧しい時代で、食事と寝る場所が確保され、親方の指示で『見よう見まね』で仕事を覚える。つらいがやっているうちに、いろいろと技能が身につく。欲が出てきて一人前になりもっと給金をもらいたいと思う。そこで、自分でも独立して工場を構えたくなる、こうした気概をもつと、仕事の覚えも早くなる。早くなれば、また欲が出る。欲が出ると、もっと違った加工方法を覚えたい。そうすると、つてを頼って別の工場へ移り仕事を覚える。腕が確かだと、独立しても仕事が回ってくる。もちろん、独立したが、失敗してまた職工へ戻る人たちもいる。わたしが思うのは、成功した人と失敗した人たちとの相違は、気概の違いであったような気もする。町工場で『育てられる』ということはないのだ。自ら独立を意識して、どのような技術があれば何とか独立してもやっていけるのかを意識したときに、人は意欲的になり自分で自分を『育てよう』とするのだ。」

この主の技術取得は、一見、過去においてある種の独立類型を形成していたと考えられがちだ。だが、いまでも技術がまだ未確立にある時期、あるいは、まだ大学などで体系的な教育カリキュラムとして技術が教えられていない分野においては、こうした独立方法はいまでも有効なやりかたである。以前、米国やフィンランドなどのインキュベーター—創業間もない企業を支援する施設—を訪問し、この主の独立形態を通じて起業したケースに出会ったものだ。

とりわけ、コンピュータソフトウェア分野はそうである。いまでこそ、パソコンが普及し、また、さまざまなコンピュータソフト言語が大学や専門学校で教えられている。だが、初期のころには、大学で数学を専攻した学生や、場合によって言語学などを専攻した学生が大学を中退して、当時、大型コンピュータをもつ企業などで管理システムのプログラマーのアルバイトをやりソフト開発能力を身につけた。

さらに興味を引くのは、彼らがむかしの職人の「渡り」のように、いろいろな会社の仕事を引き受けることで、こうした開発能力を磨いたことだ。さまざまなコンピュータソフトウェアを開発してきた企業の創業者にはこの種の経歴をもつ人たちが一定数いる。

実学と独立

福沢諭吉は明治二一［一八八八］年一〇月七日付けの矢田績宛の手紙で、学問、実学そして自立の関係をつぎのように伝えている（慶応義塾編『福沢諭吉の手紙』所収）。

「学問はただ人生行路の方便のみ。学問して学理を講じ、またはその学問を人に教えて第二の学者を作り、第二第三際限もなく学者ばかりを製造して、その学者は何を致すかと尋れば、相替らず学問を勉強して、衣食は他人の厄介になると申しては、学問もまた無益なる哉。老生かつて言えることあり。学者が学者を作りて際限なきは、養蚕家が種紙を作りて、その種紙よりまた種紙を作り、遂に生糸を作り得ざる者に異ならず。本来蚕糸の目的は絹糸を得るにあり、種紙はただ方便のみ。……憚りながら会集の諸君（神戸在住の慶応出身者―引用者注）へ宜しくご致意下され、今後とも左右を顧みず、真一文字に実業に進み、先ず身を立て家を興し、いやしくも他人の厄介にならぬよう致したく、すなわちこれ文明独立の男子なり。」

この手紙は福沢の学問観を実によく示している。実学としての学問、実学教育機関としての慶応義塾の方向性がこの手紙でも打ち出されている。福沢にとって、「実学」とは、その学問の先に独立＝自立を強く意識したときに成立した。そうでなければ、学問は実学たりえないという強い信念があった。

福沢にとって、国家の独立は個人の独立を前提とした。そこに、官僚たちの国家独立観とは異なる福沢の考え方があった。当時の福沢の文章によく出てくるのは「不羈独立」であった。これは福沢のみならず、早稲田の大隈重信や同志社の新島襄らがスローガンのようにして若者たちに対して使ったことばでもあった。この精神は、政府からの潤沢な資金に支えられた帝大関係者とは異なる私学創設者たちに共通したものだ。

さて、福沢諭吉の実学論である。ここに展開されている実学論は、目的としての学問ではなく、手段としての学問である。手段としての学問とは、学者を再生産しつづけるのではなく、学ぶ者に「衣食は他人の厄介」にならない独立の途を開くことであった。

もちろん、学問にも種々の分野があり、福沢のいう実学論に合致しづらい分野もあることはいうまでもないが、理工学系分野や経営・経済系分野においては、ともすれば、「学者が学者を作りて際限なきは、養蚕家が種紙を作りて、その種紙よりまた種紙を作り、遂に生糸を作り得ざる者に異ならず。本来蚕糸の目的は絹糸を得るにあり」ということが忘れられがちである。

とりわけ、今後の技術系スモールビジネスあるいはハイテクスモールビジネスの登場を強く意識するとき、日本における実業教育において、企業倫理—社会的責任—とともに、「不羈独立」の精神が強く意識される必要があろう。その意味で、理工系分野の学生に対しては、会計やマーケティングなどの基礎教育、経営・経済系分野の学生に対してもある程度の技術的知識の移転が必要であり、また重要である。

第三節　自立と企業

起業と形態

起業は自立の一つの経済的なかたちである。自立するにはその核となるものがいる。技術系スモールビジネスにおいてその核の一つは技術であり、それはいまもむかしも変わらない。ただし、いまは、技術取得の社会的背景が大きく変わってきた。高等教育機関そのものの数が少なく、必然、進学率も低かった時代は、技術を身につけるより現実的な方法とは町工場に入ることであった。人びとはいわゆる「手に職」をつけた。

ここで、起業とそのかたちの類型化を試みておこう。大雑把に分ければ、つぎのようになるであろう。

㈠　自営業―資本や技術など参入障壁の低い分野でもっとも現実的な独立形態である。生業といってもよい。

㈡　小規模企業―自営業が生業であり、積極的な追加雇用を意識しない事業形態の一つであるとすれば、小規模企業とは自営業から追加雇用によってやや成長した事業形態である。当初は、家族従業員や近隣の人たちを雇用するのが一般的である。まだ家業段階である。

㈢「企業家精神」型企業―この形態は事業規模からすれば、しばしば自営業や小規模企業と実質上において重なる。ただし、資本や技術など参入障壁上の困難さを、自らのネットワークや専門性によって克服しようという強い意志をもった創業形態である。

技術系スモールビジネス像とは三番目の「企業家精神」型企業である。これはさらに二つのタイプに類型化される。

①「高成長志向」型―いわゆる米国型ベンチャー企業の主流タイプである。市場化段階に近い新技術やサービスを中核にベンチャーキャピタルの投資を受け、短期間に高成長を実現させ、店頭市場などでの上場を通じてキャピタルゲイン（資本利得）を目指す企業形態である。短期投資益を求めるベンチャーキャピタルが入ることにより企業戦略は創業者の意向だけで決定されず、しばしば投資家の意向によっても左右される。

②「ライフスタイル志向」型―①のような高成長を意識するよりも、大組織などで実現できなかった技術開発や研究開発の構想などを、自ら創業した小規模組織でやり遂げようという事業形態である。そこには、創業者の人生哲学や人生観（＝ライフスタイル）、技術観、組織観、経営観などが色濃く反映される。結果的には①のような高成長企業となることもあるし、また、自営業や小規模企業の規模にとどまることもある。

事業形態や企業のあり方は時代とともに変化する。人びとの社会意識の変化が単にその需要面、つまり消費者的側面を変容させるのではなく、同時に消費者に商品やサービスを提供する供給側、すなわち企業という担い手を変容させるのである。

人びとのモノの消費面での豊かさは第二次世界大戦後のモノが不足し社会資本も未整備な頃とは比べれないほどに高まった。いま、人びとの関心は、モノではなくいろいろなサービスの消費に移ってきている。また、多くの人たちが大学などで学び、その就職観や就業意識も変わってきた。そして、こうした人たちを受け入れる労働市場もまた、大きく変わってきた。

戦後、町工場から創始された事業のなかには、日本の高度成長経済と軌を一にして大きく伸び、いまや世界的大企業となったところもある。こうした企業は、資本形態や役員構成をみればいまも日本企業であることに変わりがないが、雇用数からすれば日本人の比重がすでに半分を割り込み、世界企業となっているところも多い。必然、彼らの投資動向は、とりわけ海外直接投資からみれば、雇用を輸出し、製品を輸入するようになった。「グロバリーゼーション」とはそういうものだ。

こうしたグロバリーゼーションの時代に対応した高学歴時代の起業スタイルとして、「ライフスタイル志向」型がますます重要となってきた。従来型の自営業や小規模企業というかたちはどちらかといえば、国内市場型あるいは国内資源依存型であった。それに対し、ライフスタイル型は国外の特定市場をも対象にしており、日本人に限らず国外から広く人材を集め、小規模でも、複数の国にまたがった事業活動を行うこともできる。

日本で成立しない技術が外国市場で成立する可能性もある。自分のライフスタイル（生き方）にこだわることで、そうした日本以外の市場が視野に入ってくる。そこには、外国人のパートナーが必要であるかもしれない。

「ライフスタイル型」起業家の登場は、従来の日本の企業文化、とりわけ、中小企業文化をより豊かなものにするとともに、技術分野でのスピンオフ潜在層を掘り起こし、また、多くの若者をひきつける可能性もある。

開発と数字

「ライフスタイル型」起業家の経営スタイルは、その人自身の等身大のライフスタイルを反映することである。

彼らが仕事に熱中するときの集中力にもすさまじいものがある。だが、仕事を離れた生活はユニークである。ある知人の経営者は、学生時代から始めたボクシングをいまも趣味として継続する。さすがにいまは現役というわけにいかず、もっぱら有望な高校生を集めてきてはジムでコーチングをしている。これは彼自身にとり趣味でもあるが、経営を考える上でも大事な時間となっている。彼はいう。

「ガキ大将が最近では減った。そんな感じの不良っぽい高校生はいる。この子たちを説き伏せ、ボクシングをやらせる。最初は体力も技能もないので、ボクシングとは見るとやるのとでは大違いというのがわかる。教えてもらわないと、強くなれない。教えてもらうということに対して礼儀正しくなる。そのうち、試合をやらせる。試合には駆け引きがあり、もっとしんどい。ダウン寸前にかけることばがある。『ラスト・サーティー（まだ三〇秒ある）』。試合が不利でも諦めるな。相手を倒すには三〇秒もある。若者たちとボクシングをやっていると、そこに経営の原点があることに気づいた。研究開発型企業というは、ボクシングみたいなもの。『ラスト・サーティー』みたいなところがある。」

彼の会社は人間工学を中心に製品開発をやっている。その性格上技術開発の成果がすぐに製品に結びつくとは限らない。研究開発チームにどこまで続けさせるか。あるいは中止させるか。これは経営上のいつもむずかしい判断だという。そうした判断を迫られた時、「ラストサーティー」は、彼自身への掛け声でもある。

この場合に限らず、こうした判断がスポーツにたとえて論じられることは多い。それはスポーツの試合で勝利するには、いつも相手の出方を予想し、それに沿ったかたちで戦略を立てる必要があるからだ。また、スポーツは、自分の技量への信頼と不安の間を揺れ動く闘いであるともいえる。同じことが経営においてもいえる。この意味で、経営者がスポーツの比喩をよく使う理由も理解できよう。この経営者の「ラスト・サーティー」論もまたこのことを示唆している。

わたし自身は、ラスト・サーティーのうち、サーティー（＝三〇）という数字そのものに興味を抱く。この経営者はよく数字をつかう。たとえば、研究と開発の比率は四〇対六〇というのも彼の持論である。彼の説明を紹介しておこう。

「理想的にはこの比率の反対なのでしょう。それだと『研究』が目的化する。かといって、製品開発ばかりを指示すると、担当者がやる気をなくす。では、半々が良いか。そうでない。力点の六〇パーセントは市場に受け入れられる開発を意識する。だが、現実にはアイデアは組織でなく個人の発想から生まれる。それだけに、研究上の自由を四〇パーセント保証する。これを抽象的なことばでいってもわからない。直感的な数字で示すことが必要だ。ラスト三〇もそうだ。相手をKOするには、一〇秒あれば勝てる。あと、二〇秒だけやるだけやろう、という気になる。」

フィンランド南西地域のサイエンスパークで、バイオやICT関係のハイテクスモールビジネス・インキュベーションでマネジャーを一〇年以上勤める専門家もまた、同じような指摘をする。ここでは毎年、入居者を募集しており、いまでは毎年二〇〇人ほどの希望者が応募するという。

選考にあたっては、まずビジネスプランを提出してもらって、書類選考で六〇人ほどに絞り、さらに詳細に検討を加え三〇人に絞り込み、約六か月かけて彼らの事業展開を観察して、最終的に一〇人を選び、入居を決定する。わたしは彼に選考基準について聞いてみた。彼はいう。

「すべて研究開発型起業家たちです。三人に一人が大学の研究を基盤に事業化しようという連中です。残りの連中の経歴はバラバラです。むろん、企業からのスピンオフ組が多い。ビジネスプランの検討では、わたしたちの経験則からはじき出した項目別に点数を合計していって、ある一定水準の数字に達しない場合には、選考からはずします。最終的に選び出した起業家一〇人のうち、一〜二人だけが事業化に失敗して撤退します。この実績はフィンランド全体のインキュベーションの数字からして好成績ではないかと思っています。」

つまり、数字からいえば、自らの技術に自信をもって応募する人たちの五パーセントほどが実現性の高いビジネスプランを持ち込んでくることになる。入居契約では、原則として三年以内にインキュベーションを卒業することが求められる。では、その後の彼らの経緯はどうなるのだろうか。彼はつぎのように指摘する。

「入居六か月以内は、起業家たちとそのビジネスプランの実現性を頻繁かつ集中的に話し合います。その後は、一か月あるいは三か月に一度ぐらいの頻度です。入居前に市場開拓、資金繰り、開発期間の見通しについてきちんとしたプランがあっても、突発的なことが起こります。そして、インキュベーションに入って技術開発をやっているうちに、当初はバランスが取れていたビジネスプランは崩れます。経験的にみていて、技術志向だけの連中は行き詰まります。このために、最初の六か月が勝負なのです。成功する起業家は技術、市場、資金でバランスのとれた経営をやっている連中です。」

もちろん、数字だけで割り切れない。わたしは彼のはなしをつぎのように整理してみて、彼の同意を求めてみた。

「起業家を助けてきたあなたの経験では、技術系起業で成功するには、技術だけでは困難だということですが、要するに、数字的にいうと、成功への道を一〇とすると、その事業計画では、三が技術、三が市場、三が資金、そして最後の一が事業計画をやりぬく強い意志ということになるのでしょうか。」

最後の一というのはわたしの付け加えた数字である。このインタビューの中で、彼が何度も強調していたのは、事業の立ち上げ過程では予想しないことが必ず起きるということであった。彼はつぎのように締めくくった。

「こんな仕事を一〇年以上やってきて、いろいろな事業計画の実現を手伝ってきました。公式化してこうすれば成功するというようなものがあるのかどうか、わたしにもよくわかりません。予想ができればすぐに解決できるが、技術開発の過程では実に予想していないことが起きるものです。技術の事業化とはそう容易ではないのです。昨日も、ヘルシンキに出張して中央駅で帰途の電車を待っているときに、入居企業から電話が入りました。こんなことばかりですよ。たしかに、それでもやり遂げようという、あなたのいう『一』がなければ、あとの九は生きてこないですよね。」

「三・三・三・一」という数字の語呂合わせもまた、技術系スモールビジネスの経営のあり方を如実に表しているといってよい。

リスク計算

大学卒業後すぐに起業して成功する人たちもいる。

ＩＴ関係では、大学を中退してつくり上げたソフトウェアが成功を収めたケースもある。しかしながら、多くの技術分野では、大学などを卒業後、ある程度の規模の組織で研究開発や技術開発を一定期間経験してからスピンオフするのが通常である。先にみたフィンランドのインキュベーションに入居する起業家たちをみても、そのような経歴を持った人たちが多い。

先に「ライフスタイル志向」型の起業家を取り上げた。しかし、こうした起業家たちが勝算もなく、自分たちが望む技術開発が大組織などでは困難であり、自分の裁量だけで成果を生み出してみたいと単純に思ってスピンオフするわけでもない。彼らは彼らなりにスピンオフのリスクに耐えることができるどうかを計算している。そうでなければ、フィンランドのサイエンスパークのインキュベーション・マネジャーの指摘を待つまでもなく、起業は必ず行き詰る。

かつて、わたしの知人の米国人ベンチャー・キャピタリストが教えてくれたことがあった。ベンチャー・キャピタリストは、インキュベーション・マネジャー以上に、起業家とそのビジネスプランの可能性を探るのが最大の仕事であると。彼らもまた自分たちの選択基準を数字で表したりする。

そのもっとも、身近な基準は、起業家の経歴とスピンオフする年齢である。これらを数値化して、起業家のリスク負担能力の高低から、投資の判断を行うという。そして、こうした数値化の適格さは、それぞれのベンチャー・キャピタリストの経験値を反映したものだ。

さて、ベンチャー・キャピタリストやインキュベーション・マネジャーなどの経験を聞いて、リスク負担能力の算出方法を、わたしなりに計算式にしてみた。基本式はつぎのようなものだ。RIを「リスク負担能力」指数とわたしは呼んでいる。

RI＝a×P－A　a＝個人の学習能力係数　P＝個人の潜在的能力　A＝年齢

Pの潜在能力は人によって異なる。aは組織などで仕事をいかに効率的に学ぶかという学習能力総合係数である。たとえば、研究開発チームに入って技術的な知識や経験しか学ばない人よりは、市場開拓や購買について知識を得て、さらには同業者や顧客とのネットワークを築く力なども身につける人の方がこの係数は高い。

Aは年齢である。これだけはすべての人に共通し、誰もが平等に歳を重ねる。年齢をマイナス値としたのは、年齢とともに、組織内での責任だけではなく、家族、自宅のローンなどの負債、子供への教育費などの負担が増えることを前提にしているからだ。

すこし具体的に計算してみる。

X氏とY氏の単純な比較の場合である。X氏は現在、四〇歳で、潜在的な能力が一一〇としよう。

この潜在的能力は有名大学に入ったから高いとは限らない。それも潜在的能力の一つであるが、ほかに芸術性、発想力等々いろいろな能力が含まれる。aは一・二としておこう。aは単に組織で同じ仕事に長く従事するだけでは高まらない。自らの読書、セミナーや研究会への参加、社会人大学院などでの勉学、留学などによってさらに高まるものである。

他方、Y氏は五〇歳で潜在的能力は九〇である。ただし、Y氏は社内では研究開発で実績を上げた後、営業や購買を経験し、また、子会社の経営も担当し、海外勤務の経験もある。また、社内外で積極的に研究会などを組織して学ぶことが好きな人であり、したがって、aはきわめて高く一・五となっている。双方のリスク負担能力指数を計算してみよう。

X氏（RI）＝一一〇×一・二－四〇＝九二

Y氏（RI）＝一〇〇×一・五－五〇＝一〇〇

つまり、年齢の高いY氏のほうが若いX氏よりも、そのリスク負担能力が高いことになる。失敗をやり直すには若いころに越したことはない。しかし、単に若いことがリスク負担能力の高さを示しているわけではない。どのような事業を始めるにもリスクが生じるし、リスクのない事業展開などもない。そして、研究開発といった分野での起業は、通常の事業創始よりもそのリスクがさらに高いことは自明であろう。

この場合、ある程度の歳を重ねて経験をつむことが、そのリスクを軽減することにつながる。また、このときに鍵を握るのは、潜在的能力もさることながら、むしろその人の学習能力の高さ（＝a）である。フィンランドのサイエンスパーク内にある事務処理ソフトウェアで大きな成功を収め、上場が視野に入ってきた経営者の場合を紹介しておこう。

彼は、文学好きの両親の下で育ち、高校時代にラテン語に興味をもった。大学は文学部にすすみラテン語を専攻したものの、文法ばかりの大学の講義に失望し中退した。いまでいうフリーター生活を送っていたが、後に結婚することになるガールフレンドの勧めで、短期間のコンピュータプログラミング講習会に出たことが彼の運命を切り開くことになる。

その後さらに上級コースを取り、地元メーカーの事務管理（＝文書管理）のプログラマーの職に就く。数年後、数社のプログラマーや開発チームの責任者となる。そのころ、米国のコンピュータ雑誌に投稿した記事が注目され、米国企業でも働くが子供の教育のため、地元に戻り、サイエンスパーク内で起業する。

彼の場合、プログラミングでの学習能力の高さに加え、さまざまな企業での開発経験とネットワーク力が起業リスクを大きく軽減している。単に技術に強いだけでは、ハイテクスモールビジネスは行き詰まる。この種の失敗例には事欠かない。

先にみたように、成功の鍵をにぎるのは、起業に至るまでに学習能力指数をどれほど高めておいたかということである。これが起業後のリスク低減に直結する。

終　章　スモールビジネスと技術経営論

いまであろうと、むかしであろうと、技術なしにわたしたちの生活は成立しない。

わたしは序章を日本で書き始め、終章をフィンランド南西部のツルク市で書いている。わたしのアパートから真北に一〇分ほど歩けば、バイオテクノロジーやＩＴ関係の新しい企業が立地するサイエンスパークがある。特許や法律などのコンサルティング企業も入居するが、多くが何らかの技術を核にしてスタートアップした若い企業群である。

ここから西にやはり一〇分ほど歩けば、川岸に中世時代の遺跡をそのまま保存・展示した博物館がある。地下では古い時代の建物の一部とそこから発掘されたむかしの生活用品を目にすることができる。そこには中世の職人たちの加工技術の素晴らしさがある。

両者の対比はいくつかのことをわたしたちに示す。一つめはいつの時代も、人は工夫しながら技術を高めたいと意識と意欲をもって生きてきたこと。二つめには技術と事業を結び付けようという意識と意欲をもった人たちがいたこと。ツルク市はかつて海上交易の結節点にあり、外国からの事物の刺激がこの街の中世の職人にさらなる工夫をもたらしたことが、発掘品からもみてとれる。

そして、いまである。かつての小さな町工場や工房から成長した大企業は、世界のあらゆるところで事業を展開するようになった。すこし前まで、そうした大企業は自国の従業者を主として雇用していたが、いまでは海外事業所で働く外国人の方が多い。この意味では、大企業は資本構成や経営陣の比重においては、その国を色濃く代表するが、雇用構成ではコスモポリタンだ。

必然、グローバル活動をする大企業と取引関係にある中小企業もまた、グローバル化の波にさらされている。この波に乗るところもあれば、さらわれるところもある。グローバルな動きはさまざまな刺激を中小企業に与えてきたし、今後も与えるだろう。

こうしたなかで、競争力を高めるもっともわかりやすい手段が技術開発である。多くの企業がさまざまな分野で研究開発を進めている。その結果、技術を中心とした世界的分業関係もまた進展してきた。

そして、分業構造の進展は一方で大量生産技術を確立させ、他方で細分化された技術市場を成立させる。前者が工場技術であれば、後者は工房技術といってもよい。前者の技術体系は大量生産に連動する。そこでは、技術と技術とを結びつけるための技術も必要とされ、技術市場を細分化させる。大企業などの組織が大掛かりな資本集約的な技術開発を得意とすれば、資本力に本来乏しい中小企業は技術と技術との架橋的分野を知恵と工夫で確立する方途に可能性を見出すことができる。

後者の工房的技術は、ＩＴ関係が典型である。この場合、たとえばコンピュータ言語の世界にいかに市場ニーズに合ったアイデアを短期間に取り込むかが重要となる。共通した目的を少人数で共有できるチームの効率性がここでは求められる。かえって、組織的に分離された大企業の研究・開発体制は非効率な場合も多い。

また、創薬などバイオベンチャーの場合には、大企業とスモールビジネスの相違は、油田開発業とよく似ている。資本力と人材が豊富な大企業では、何十か所もの油田開発を同時に進め、そのうち一つの油床が当たれば、ほかの失敗を補填できる。小規模の油田業者は綿密な調査と経験知という勘でせいぜい数か所、場合によっては一か所の採掘にとどまる。サイエンスパークには特定分野に絞って開発を進めているスモールビジネスが多い。

その場合、リスクは当然高い。当たればいいが、外ればやり直す資金力に欠ける。それだけに、大組織のサラリーマン研究員とは意識もリスク管理意識も全く異なってくる。彼らにインタビューをしていて魅せられるのは、リスクをかけてもやろうという彼らのライフスタイルそのものがはっきりしているからだろう。もちろん、株式上場による創業者利得という強い刺激もあるが、開発途上においてそのようなことを意識することはないかもしれない。研究開発という瞬間を猛スピードで駆け抜けようとしている。駆け抜けないと不安が生じるともいえる。

バイオサイエンスやテクノロジー、ライフサイエンスの場合、医薬品候補物質を合成したり発見したりしても、その商品化までには生物実験（毒性試験）、実際の治療を意識した臨床試験など膨大な費用と時間が必要である。そのため、ハイテクスモールビジネスは、特許やノウハウと交換に資金力などで優位にたつ大企業をパートナーとして必要とする。ここでも先にみた技術的分業関係が成立する。

もっとも、バイオのように研究から開発、そして開発から製品化までの潜在期間がきわめて長期間にわたる分野もあれば、いろいろなセンサー分野で、工房的発想で開発を行っているところもある。このなかには、きわめて具体的な市場分野―いわゆるニッチ市場である―を意識して成功したところもある。

そして、日本やフィンランドに限らずどこでも、すべてが成功するわけではない。高い技術開発力を持ちながらも行き詰まるハイテクスモールビジネスに共通するのは、第三章でもふれたように、市場開拓の遅れである。事業化のための開発を優先させることで、どうしても市場調査や市場開拓が後回しになる。研究開発、事業化、市場開発の同期性こそが重要である。

技術開発系スモールビジネスだけでなく、多くの中小企業の経営実態を調査してきて思うのは、経営者というのは意外にも自分の得意分野で失敗することが多いことだ。技術系経営者は技術開発の行き詰まりで、マーケティングに自信をもつ経営者は市場開拓の失敗で、財務に強い自信をもつ経営者は資金繰りで間違いを犯す。これは経営というものが、あらゆる要素のバランスの上に成り立っていることを忘れるために起こるからだろう。

技術系スモールビジネスで成長しているところをみていると、創業者が技術者で技術部門の責任者をやりながら、経営―とりわけ財務とマーケティング―について信頼できるパートナーを見つけることができた企業が多い。この意味では、技術開発系人材のスピンオフだけで技術系ハイテクスモールビジネスが成功するとは限らない。技術そのもののハード面ではなく、市場性というソフト面を理解し経営に当たることのできる人材の労働市場の成立が、ハイテクスモールビジネス興隆の鍵を握る。

また、市場規模と技術との関係でいえば、フィンランドのハイテクスモールビジネスは、フィンランド自体は人口五二〇万人ほどの小さな国であるために、最初から世界市場を視野に入れざるをえない。必然、研究開発成果と市場を結びつける発想がとりわけ若い起業家層に顕著となってきた。彼らの開発技術に関する英文ウェブサイトも充実してきた。

日本の技術開発系スモールビジネス、あるいはこれからの若い起業家層も、日本国内だけの取引関係と競争関係だけに目を奪われてはならない。日本でニッチ市場であっても外国ではある程度の成長を期待できる分野もある。英語が世界のビジネスと技術の共通言語となった感がある現在において、英米系英語だけではなく、日本の発想を色濃く残した英語への取り組みも必要である。英語サイトはこれからますます重要となるだろう。

加えて、市場化戦略においてその国の市場をもっともよく知る技術系スモールビジネスとの戦略提携も重要になる。いや、すでに重要になっている。このためのより実践的な英語力が必要だ。この点、日本のハイテクスモールビジネスの経営者たちはその可能性を日本だけに限定しすぎた。同時に、海外事業のリスクとともに事業提携や知的財産権に関する知識や経験も身につける必要があろう。日本でもビジネス教育（ＭＢＡ）が普及してきたが、技術経営論などにこうしたプログラムを取り込む必要もある。

技術とは何も独創性だけが優先されるわけではない。日本人の創造力については、その基礎研究の底の浅さが指摘され、改善や改良面だけが日本の技術の特徴とされる意見もある。だが、市場のニーズをうまく取り入れオリジナルな技術を再編成する巧さもまた創造力に他ならない。フィンランド中部のサイエンスパークのインキュベータに入居する新素材部門の大学発ベンチャーの創業者はつぎのように語る。

「大学発ベンチャーというのは、大学の研究室での研究成果を元に起業した連中ばかりで、よく言えば頭の切れる連中が多い。悪くいえば、自信家でもある。市場ニーズと技術水準との関連では、一〇のうちまだ三〜四しか要求していないのに、七〜八の技術を盛り込んだ製品を提供する。こうした人たちは自分の技術を自慢したくて仕方がないのだ。だが、それは学会発表の延長で、ビジネスではない。こうしてつぶれていった連中も多い。わたしは市場ニーズをにらみながら小出しをするやり方だ。できたばかりの企業にとって、最初の売り上げがあるかどうかが重要で、まずそこで顧客をつかむ。そして技術水準の高さを知ってくれれば、徐々に高水準のものを価格面でうまく交渉しながら提供していくのがもっともリスクが少ないのだ。」

私の知人で、ＩＴ分野への投資を専門に扱うベンチャーキャピタリストも同様のことを指摘する。彼もまた製品が商品になるには、技術開発の成果を市場ニーズに合致させる必要性を強調する。

「シリコンバレーでの失敗談です。欧州からの留学生で大学院卒業後にソフトウェアのプログラムで突出した才能を示した彼に、他のベンチャーファンドの連中と投資をしたことがありましたが、結局、この企業を清算させました。彼の失敗だけでなく、わたしたちの市場ニーズへの見通しが甘かったのです。結論からいえば、皮肉ですが、彼の開発スピードが一年か一年半ほど遅ければ、このソフトは生きたと思います。このソフトが関連する分野の技術開発のスピードより、こちらが先行しすぎたのです。ソフトウェアというのは、どんなに先端的であっても、市場ニーズと時間的に合わないとうまく行かないことの好事例です。結局、このソフトの権利を競合者にとんでもない安値で売却しました。」

マーケティングはタイミングだともいう。開発スピードが速ければ速いほどよいとは限らない。その技術のみが突出したとしても、関連分野の技術の進展スピードと連動しなければ、成果は事業化されたことにはならないのである。

こうしてみると、科学的な原理を計測し制御することで技術という体系が成立する。この技術の体系を市場ニーズにいかに結びつけるかが技術経営の要点（Engineering & Economics）ということになる。

そこには技術者のテクニカルな視点だけではなく、なによりも生活者の感覚、これからのわたしたちの生き方というライフスタイルにふさわしい技術を目利きできる能力と感覚が必要とされる。それはまさに文科系と理科系の融合領域のことでもある。

あとがき

わたしの執筆計画からすれば、本書は数年先に脱稿する予定であった。それを、少し前倒しで出版することにした。これには個人的な理由があった。

昨年四月からフィンランドの大学街に住み、当地のサイエンスパークに立地するハイテクスモールビジネス、あるいはインキュベーション施設に入居するいわゆる大学発ベンチャーの経営者の社会的背景を追いかけた。たまたま出発までに二か月ほど時間的余裕があり、手元にある資料やわたしの調査ノートから日本側の状況について書き始めてしまった。

書き始めると書き終えたくなった。もっとも、本書の多くの部分は、わたしがフィンランド・ツルク市に滞在して、ヘルシンキ市とその周辺、タンペレ市、ユバスキュラ市などのハイテクスモールビジネスを調査しつつまとめることになった。

今回はフィンランドに半年間ほど生活したが、わたしは一九九〇年代はじめから一〇年間以上にわたってこの国のさまざまなハイテクスモールビジネスを観察してきた。当地の大学での集中講義の合間に、最近では調査目的で毎年この国を訪れ、経営者たちから技術と経営の関係についてはなしを聞き、討論し、共鳴し、時に反発し、そして多くのことを学んできた。

フィンランドを訪れはじめた一九九〇年代初頭は、まず相手を知ることに時間を費やした。だが、そうこうしているうちに、わたしが日本のハイテクスモールビジネス事情をフィンランドの経営者や技術者、政策関係者などにしゃべり、彼らの意見を聞く方が多くなっていった。

今回、本書をまとめるに当たっても多くの人たちにお世話になった。フィンランドではヘルシンキ工業大学、タンペレ工業大学、ツルク大学、ツルク商科大学、ユバスキュラ大学などの関係者、これらの大学の周辺にあるサイエンスパーク関係者、インキュベータ関係者、フィンランド技術庁の職員の方々にはご協力を賜った。

本書は結果として、フィンランドのスモールビジネスでの研究開発事情やこれを担っている人たちの社会的背景を強く意識して、フィンランドの事情などにもふれた。だが、わたしの主たる分析対象はあくまでも日本のハイテクスモールビジネスの現状である。

ハイテク企業がより自然なかたちで生まれるには、どのような政策的配慮が必要か—これは積極的に「何かをする」ということだけではなく、積極的に「何かをしない」という意味でも—というわたしの視点も大事にしたかった。米国との比較軸だけが突出している日本の研究状況にあって、米国以外の国から日本をながめたいという意識もわたしのなかに強くあった。国際比較についてはもっといろいろな国の正確な紹介があってもよいはずだ。

いずれにせよ、フィンランドの大学街に住み、友人の紹介で小規模なツルク商科大学の中小企業研究所に籍を置きオフィスを提供してもらって、フィンランドの「ハイテクスモールビジネスの経営者の間に遊ぶこと半歳」のささやかな結果が本書である。

かつて、河上肇はその一年ほどにわたる欧州「留学」の見聞を「大阪朝日新聞」などへ寄稿した。こうした寄稿文が『祖国を顧みて』に編まれ、大正四［一九一五］年末に刊行された。河上はその自序で「大正二年十月著者日本を出でて、西欧の間に遊ぶこと一歳、大正四年二月帰朝す。本書は主としてその間に得たる見聞感想を録せるもの」と記した。

なぜ、「学ぶこと一歳」ではなく、「遊ぶこと一歳」なのか。河上は当時の「文部省留学生」制度を語気強く批判した。結果、「学ぶこと」ではなく「遊ぶこと」となったのである。

河上は雑誌『太陽』へもロンドン滞在中に寄稿している。その中で、河上は「箔付け」や「慰労」が目的手段化している当時の文部省留学生制度については即刻廃止すべきと主張した。ただし、「特殊な芸術的な技能の向上を必要とする」場合、「事物を観察するだけの能力を具えた者」が「学問の性質上是非海外諸国を視察しなければならない」場合はこの限りにあらず、とした。河上は日本の留学生の現状を紹介したうえで、つぎのように主張した。

㈠「無用の留学生を廃止すべき」―「書物さえ自由に読めれば、日本にいても立派に学問ができます。海外諸大学に於ける教授の講義なる者は実に簡単なものです。私どもはそれよりもっと委（くわ）しい講義を……日本で聞いています。……その教授らは大学でやる講義よりも更に更に委（くわ）しい著書を公にしているのが普通です。元来日本人の語学の力は読むことが主眼になっているから、聞くほうが駄目です。……毎日講義を聴きに出ないとすると、別に用事はないから、下宿屋に立籠もって書物を読むか理窟を考えるかするより外は仕方がないが、考えてみると、そんな事は、……日本にいて米を食いキモノを着ていて出来る仕事です。……」。

(二)「国内留学制度及視察旅行の制度を新設すべし」―「洋行の必要もまたこれなきかというに、それは別問題です。……数年間の留学を必要とする事はない。一カ年乃至一カ年半の巡回旅行で沢山です。……。留学の果たして利益ありや否やは……確かな所は分かりません。留学期間が長ければ長いほど立派な学者になれるという間違った考は、今日なお相応の勢力を持っています。……多くの人が長期の留学を希望する最も主要なる原因は、……責任から離れて自由の時間を得るという事にあります。……自由な時間を享受するために留学制度を利用するということになっている……二年乃至三年外国へ出て速成的勉強をしたからといって、その効能は一生持続するという訳には参りません。……自由に研究し得る時間を定期に与える方が遥かに利益（となる―引用者注）……外国に出す必要は決してありません……多くの場合は海外留学よりも国内留学の利益を信じます。そうして僅の留学費で長く滞在しているよりも、沢山の旅費を貰って短期の視察旅行をした方が得策だと信じます」。

要するに、教員などが講義や学務などから解放され集中的に研究することが留学の目的であれば、国内留学というかたちで時間を与えたほうが効率的かつ予算節約的である。教授となった者が慰労や箔付けのために学生となって外国大学の講義に出たとしても大した効果が得られるとは思えない。また、講義を理解するだけの力がない人たちも多いために、結局、下宿あたりで読書している。それなら、充実している国内の大学図書館で十分対応できるではないか。むしろ何を調べるのかという点に絞って、短期間の海外調査旅行こそが有効ではないか、というのが河上の視点である。

河上は明治維新以降、西洋の学問をひたすら導入することで近代化を進め、すでに六〇年ほどが経過したなかにあって、もうそろそろ日本の学問の独立を考えてもよい時期ではないか、と主張した。河上は、留学偏重著しい医学分野でも教師が育ち、ドイツの「田舎大学」よりは設備もはるかによくなり、医療機器も三か月もあれば輸入できるようになったのだから、まずは日本での学問のありかたを問題視すべき時期であるとも指摘する。問題は日本側にあると河上はつぎのように述べる。

「日本の大学教授には研究を怠っている人が多いから、彼等は問題（テーマ）をもっていません。……しかし何時までも他国のお世話になっているようでは仕方がないではないですか。……たとい他人が問題を授けて指導してくれなくとも、自分が独立して学界未拓の地を開くことにしてもらいたい……順々に出した留学生が、帰ってきては順々に老朽し、学者の養成や何時まで経っても内地では出来兼ねるという事では、誠に残念だと思います。……長く留学している人ほど偉くなって帰るものだと思っています。そこで留学する気にもなるし、留学した以上長くいる気になります。しかしそんな事では、日本の学界の健全なる発達は到底望まれません。」

河上が大正初期に寄稿したころ、日本の官費留学生はわずか百数十名たらずであった。いまは、そのころと比べ、留学そのものが大衆化した。大学教員たちの留学や洋行も「在外研究」と名称は変わった。だが、河上が指摘した問題の本質は変わったのだろうか。

こうしたことを考えるときに、河上肇とほぼ同年輩で、本書でも紹介した数学史家の三上義夫のケースは、国際化=形式化した海外留学という論理が単純に成立しないことを強烈に示している。

三上義夫は明治三八［一九〇五］年に広島県に生まれた。上京し私立の東京数学院で数学の基礎を得た後、東京帝国大学哲学科に学んだ。三上が和算研究に没頭するのは大正期になってからであり、その後、東京物理学校（現・東京理科大学）で数学史を論じた。虚弱な三上は東京帝大では選科生であり、年齢的にも三十歳半ばの勉学であった。佐々木力は三上の著作解説で三上義夫をつぎのように評している。

「『国際化』の声が日々いや増す現代にいける人はあるいはひょっとして、戦前の学者で『国際的』であったからといって高が知れると考えるかもしれない。しかしながら、三上は海外に出たことがない。が、知る人ぞ知る。明治人の西欧諸語での作文力にはただならぬものがあった。直接、欧米人に接し、生きた言語を学びえたからである。また、明治の知識人は、国際人ならびに日本人としての精神の意気をまことに高く持していた。なかんずく学者は高い志をもっていた。

今日の自称『学者』、実状は大方は節操のない売文家とは大いに違っていた。」

三上の場合、国内留学によって国際性を得たともいえる。三上は日本にいて米国の数学者たちとやり取りすることで、自らの国内研究を一気に国際水準に引き上げていった。やがて、三上の英文著作は米国の出版社から刊行され、数学史家としての三上の名前は世界的に知られるようになる。反対に、国内では、和算にみる日本数学史に西欧的な意味での独創性を見出さなかった三上の見方は、日本の数学者たちに不評であった。

三上への評価は国外で確立しても、国内ではその生前において未確立であった。そこには正規の学歴をもたない研究者への学界関係者の偏見とやっかみがあったのかもしれない。スピノザは『国家論』で「政治は嫉妬と妬み」で動くと論じたが、「学問」の世界もまたそうであったろう。

いずれにしても、河上のいうように問題（テーマ）意識を持たない留学は単なる洋行であって、語学や研究の面で国外研究者たちと互角にやりあうまでに行くことは少なかったであろう。この点、三上は明確な問題意識を保持し、日本の和算は中国からもたらされて日本的社会原理のなかで応用・発展したと位置づけ、西洋数学と厳密に比較し英文で論文を発表したことは、現在においても賞賛されるべきことである。

河上肇は明治初期と比較して、明治後半からの日本の留学制度は形骸化したと批判した。その当時と比べものにならないほどに、いまは留学する者が増えた。そうした時代にあって、わたしは留学について考えてしまうことがある。わたしは何人かの研究者を思い浮かべて、このことをいっている。一人は旧制高校時代にストなどで放校（退学）となり、既存のエリートコースを歩めず、私立大学を経由して大学教授となり、外国研究で高水準の研究成果を残した研究者である。彼の場合は、多くの国立大学の研究者が在外研究の機会を与えられるときには専ら日本国内で外国語文献を読まざるを得ないような研究生活を送っていた。結果としては、いままで外国でも日本でも省みられることのなかった文献を丹念に発掘することで不朽の成果を残した。

もう一人は日本企業の経営を分析していたことで、五〇歳半ばでまとまった在外研究の機会を与えられた学者である。彼は、日本のことを十分に調べ比較の課題を十分に見定めた上で国外視察へと出た。その後の彼の研究もまた、国際比較という点から日本的経営を深く掘り下げた不朽の成果となっている。要するに、「何を見るかを探す」のではなく、「何について見るか」なのである。重要なのは河上のいう問題（テーマ）なのである。

こうした点を肝に銘じてフィンランドで半年間、こちらの企業経営者、起業家に出来るだけ会い、しゃべり、工場や研究室にも出かけ、そして、彼らの目を通して日本の技術開発志向のスモールビジネスの特徴と今後の進むべき方向などを考え記してみた。

わたしの場合、本格的な海外調査などは四〇歳を超えてからであり、同僚諸氏や学会仲間と比べても決して早い時期とはいえない。今回のような半年間に渡る在外研究も五〇歳半ばという時期であった。

「少年老い易く学成り難し」という時期も、「中年さらに老い易く、学さらに成り難し」という時期も過ぎてしまった時期に、中京大学の学生諸君の貴重な学費に支えてもらって半年間にわたってフィンランドのハイテクスモールビジネスを追うことができた。

本書の執筆はわたしのいわゆる在外研究の時期と重なり、フィンランドで日本の事情を強く意識して執筆することになった。その結果は隣の芝生は青く見えるたとえのように、フィンランドのハイテクスモールビジネスへの片思い的な礼賛であってはならないし、また、一方で日本の現状を悲観的にとらえるようなものであってもならない。

課題は、日本のハイテクスモールビジネスなどのあり方が世界の興味を引き、そこに多くの学ぶべき点をわたしたちが見出すことではないだろうか。

参考文献

【あ】
石井寛治『日本の産業革命―日清・日露戦争から考える―』朝日新聞社、一九九七年
伊東整『近代日本人の発想の諸形式』岩波書店、一九八一年
犬丸義一校訂『職工事情（復刻）』（上・中・下）岩波書店、一九九八年
今野浩『特許ビジネスはどこへ行くのか―IT社会の落とし穴―』岩波書店、二〇〇二年
ウォルフレン、カレル・ヴァン（篠原勝訳）『日本権力構造の謎』（上・下）早川書房、一九九四年
同『人間を幸福にしない日本というシステム』毎日新聞社、一九九四年
大阪府立商工経済研究所『中小工業の発展形態―枚岡の釘・針金と貝塚のワイヤロープによる実証―』一九五七年
同『機械工業の実態調査―銑鉄鑄物―』一九五八年
同『機械工業の実態調査―ベアリング―』一九五八年
同『機械工業の実態調査―歯車工業―』一九五八年
同『小零細企業ルポルタージュ』一九六四年
小澤徳太郎『スウェーデンに学ぶ「持続可能な社会」―安心と安全の国づくりとは何か―』朝日新聞社、二〇〇六年
【か】
科学技術政策史研究会編『日本の科学技術政策史』（社）未踏科学技術協会、一九九二年

河上肇『祖国を顧みて』岩波書店、二〇〇二年
関西ベンチャー学会編『ベンチャー・ハンドブック―ビジョン・パッション・ミッション―』ミネルヴァ書房、二〇〇五年
清川雪彦『日本の経済発展と技術普及』東洋経済新報社、一九九五年
慶応義塾編『福沢諭吉の手紙』岩波書店、二〇〇四年
ケリー、トム、リットマン、ジョナサン（鈴木主税・秀岡尚子訳）『発想する会社―世界最高のデザイン・ファームIDEOに学ぶイノベーション―』早川書房、二〇〇二年
小関智弘『町工場―世界を超える技術報告―』小学館、一九九九年
同『粋な旋盤工』岩波書店、二〇〇〇年
コールマン、サミュエル（岩館葉子訳）『検証・なぜ日本の科学者は報われないのか』総合出版、二〇〇二年

【さ】

坂上茂樹『伊藤正男―トップエンジニアと仲間たち―』日本経済評論社、一九九八年
佐々木聡編『日本の戦後企業家史―反骨の系譜―』有斐閣、二〇〇一年
鈴木淳『明治の機械工業』ミネルヴァ書房、一九九六年
同『新技術の社会誌』中央公論新社、一九九九年
鈴木大拙『新編・東洋的な見方』岩波書店、一九九七年

【た】
高取正男『日本的思考の原型―民俗学の視角―』講談社、一九七五年
竹内常善・阿部武司・沢井実編『近代日本における企業家の諸系譜』大阪大学出版会、一九九六年
竹岡敬温・高橋秀行・中岡哲郎編著『新技術の導入―近代機械工業の発展―』同文館、一九九三年
武知京三『近代日本と地域産業―東大阪の産業集積と主要企業群像―』税務経理協会、一九九八年
都留康編著『生産システムの革新と進化―日本企業におけるセル生産方式の浸透―』日本評論社、二〇〇一年
鶴見和子『好奇心と日本人―多重構造社会の理論―』講談社、一九七二年
出水力『オートバイ・乗用車産業経営史―ホンダにみる企業発展のダイナミズム―』日本経済評論社、二〇〇二年
豊田俊雄編著『わが国産業化と実業教育』東京大学出版会、一九八四年

【な】
長尾克子『日本機械工業史―量産機械工業の分業構造―』社会評論社、一九九五年
同『工作機械技術の変遷』日刊工業新聞社、二〇〇二年
中岡哲郎『自動車が走った―技術と日本人―』朝日新聞社、一九九九年
同編著『戦後日本の技術形成―模倣か創造か―』日本経済評論社、二〇〇二年
中村圭介『日本の職場と生産システム』東京大学出版会、一九九六年
中根千枝『タテ社会の人間関係―単一社会の理論―』講談社、一九六七年
中山茂編『日本の技術力―戦後史と展望―』朝日新聞社、一九八六年
同『科学技術の国際競争力―アメリカと日本・相克の半世紀―』朝日新聞社、二〇〇六年

西澤昭夫・福島路編著『大学発ベンチャー企業とクラスター戦略』学文社、二〇〇五年
日本経済新聞社編『技人ニッポン―もの作りは「元気」も創る―』日経新聞社、二〇〇一年
沼上幹『液晶ディスプレイの技術革新史―行為連鎖システムとしての技術―』白桃書房、一九九九年

【は】
畑村洋太郎『失敗学のすすめ』講談社、二〇〇〇年
法政大学産業情報センター・宇田川勝編『ケースブック・日本の企業家活動』有斐閣、一九九九年

【ま】
三上義夫（佐々木力編）『文化史上より見たる日本の数学』岩波書店、一九九九年
三谷直紀・脇坂明編『マイクロビジネスの経済分析―中小企業経営者の実態と雇用創出―』東京大学出版会、二〇〇二年
三好信浩『明治のエンジニア教育―日本とイギリスのちがい―』中央公論社、一九八三年
宮崎正吉『工作機械を創った人々』マシニスト出版、一九八二年
村山裕三『テクノシステム転換の戦略―産官学連携への道筋―』日本放送協会、二〇〇〇年
森清『町工場―もうひとつの近代―』朝日新聞社、一九八一年

【や】
横山源之助『日本の下層社会（復刻）』岩波書店、一九四九年

吉田孟史編著『コンカレント・ラーニング・ダイナミクス―企業と経営の理論―』白桃書房、二〇〇三年
吉田光邦『日本の職人』角川書店、一九六二年

事項・人名索引

【あ　行】

【か　行】

【さ　行】

【た 行】

【な　行】

【や　行】

【ら　行】

【わ　行】

スモールビジネスの技術学—Engineering & Economics—

2007年（平成19年）1月20日　第1版第1刷発行

著　者　寺　岡　　寛

発行者　今　井　　貴
　　　　渡　辺　左　近

発行所　信山社出版株式会社
〔〒113-0033〕　東京都文京区本郷6-2-9-102
電話　03（3818）1019
FAX　03（3818）0344

Printed in Japan

印刷・製本／松澤印刷・大三製本

ISBN978-4-7972-2478-8　C3334

〔著者紹介〕

寺　岡　　寛（てらおか・ひろし）

1951年　神戸市生まれ

中京大学経営学部教授

〔主　著〕

『アメリカの中小企業政策』信山社，1990年

『アメリカ中小企業論』信山社，1994年，増補版，1997年

『中小企業論』（共著）八千代出版，1996年

『日本の中小企業政策』有斐閣，1997年

『日本型中小企業―試練と再定義の時代―』信山社，1998年

『日本経済の歩みとかたち―成熟と変革への構図―』信山社，1999年

『中小企業政策の日本的構図―日本の戦前・戦中・戦後―』有斐閣，2000年

『中小企業と政策構想―日本の政策論理をめぐって―』信山社，2001年

『日本の政策構想―制度選択の政治経済論―』信山社，2002年

『中小企業の社会学―もうひとつの日本社会論―』信山社，2002年

『スモールビジネスの経営学―もうひとつのマネジメント論―』信山社，2003年

『中小企業政策論―政策・対象・制度―』信山社，2003年

『企業と政策―理論と実践のパラダイム転換―』（共著）ミネルヴァ書房，2003年

『アメリカ経済論』（共著）ミネルヴァ書房，2004年

『通史・日本経済学―経済民俗学の試み―』信山社，2004年

『中小企業の政策学―豊か中小企業像を求めて―』信山社，2005年

『比較経済社会学―フィンランドモデルと日本モデル―』信山社，2006年

『起業教育論―起業家教育プログラムの実践―』信山社，2006年

Economic Development and Innovation: An Introduction to the History of Small and Medium-sized Enterprises and Public Policy for SME Development in Japan, JICA, 1998

Small and Medium-sized Enterprise Policy in Japan: Vision and Strategy for the Development of SMEs, JICA, 2004